U0836542

2011 年度教育部人文社会科学研究项目（11YJE850001）

# 中国城市少数民族流动人口的生活适应性研究

马胜春　著

中国财政经济出版社

**图书在版编目（CIP）数据**

中国城市少数民族流动人口的生活适应性研究/马胜春著．—北京：中国财政经济出版社，2012.12

ISBN 978-7-5095-4163-0

Ⅰ.①中… Ⅱ.①马… Ⅲ.①少数民族-城市人口-流动人口-生活-适应性-研究-中国 Ⅳ.①C924.24

中国版本图书馆 CIP 数据核字（2012）第 295587 号

责任编辑：卢关平　　责任校对：理　由

封面设计：孙俪铭　　版式设计：董生平

中国财政经济出版社 出版

**URL**：http：//www.cfeph.cn

E-mail：cfeph@cfeph.cn



社址：北京市海淀区阜成路甲 28 号　邮政编码：100142

营销中心电话：88190406　北京财经书店电话：64033436　84041336

涿州市新华印刷有限公司印装　　各地书店经销

787×1092 毫米　16 开　16 印张　178 000 字

2012 年 12 月第 1 版　2012 年 12 月北京第 1 次印刷

定价：30.00 元

ISBN 978-7-5095-4163-0/F·3382

（图书出现印装问题，本社负责调换）

本社质量投诉电话：010-88190744

各美其美，美人之美，美美与共，天下大同。

——费孝通

# 前言
QIANYAN

改革开放三十多年来，随着中国经济社会的快速发展，各地区之间、城乡之间、民族之间的交往日益频繁，人口的流动与迁移也日趋活跃。在中国大规模的人口流动与迁移的大潮中，少数民族流动人口已经成为其中的一个重要组成部分。据统计，在中国668个城市里，每个城市都有少数民族人口居住和流动，其中，尤以大中城市为多。以北京市为例，56个民族均有人在北京学习、生活和工作，2010年，北京市少数民族常住人口80万人，其中28万人是流动人口，占常住少数民族人口的35%。据中国第六次人口普查数据公报，2010年，全国的流动人口已达2.21亿人，保守估计，全国的少数民族流动人口超过2000万人。

大量少数民族流动人口涌入城市，为城市的经济发展注入了无穷的活力，同时，也给城市的管理与服务带来了难度，对城市民族工作提出了新的要求。城市流动人口服务管理已经成为中国"十二五"时期深化关键领域体制改革，确保经济、社会长期较快发展的重大问题。2012年国务院办公厅印发了少数民族"十二五"规划，提出少数民族事业，是党和国家坚持与完善民族区域自治制度，加快少数民族和民族地区发展，保障少数民族合法权益，巩固和发展平等、团结、互助、和谐的社会主义民族关系，促进各民族共同团结奋斗，共同繁荣发展的一项综合事业。

胡锦涛同志也曾指出："在现实生活中，中国的民族问题往往表现为经济问题与政治问题交织在一起，现实问题与历史问题交织在一起，民族问题与宗教问题交织在一起，国内问题与国际问题交织在一起。正确处理民族问题，涉及我国经济建设、政治建设、文化建设与和谐社会建设各个方面。"

因此，大力发展少数民族事业，是适应中国多民族基本国情的客观需要，是增进民族团结和维护社会稳定的重要保障，也是实现全面建设小康社会战略任务的重要内容。少数民族事业的发展，事关各族群众的福祉，事关社会主义现代化建设的全局，事关国家团结统一和长治久安，具有重大的现实意义和深远的历史意义。

中国城市少数民族流动人口作为城市流动人口的一部分，其民生问题、社会融入以及社会管理与服务问题具有自身的特点和规律。本书首先对国内外流动人口的研究理论和调查方法进行了综述；其次，以宏观的视角，从全国（包括除中国香港、澳门、台湾以外的中国大陆的31个省级行政区，缺港、澳、台相关资料）和民族八省区流动人口第六次人口普查数据入手，分析了中国省际流动人口、少数民族聚居的民族八省区流动人口，以及全国少数民族人口流动的规律、特点、原因以及影响；然后，又从微观的视角，对中国城市少数民族流动人口的城市生活适应和融入情况，即城市少数民族流动人口的经济、社会、心理的适应性以及其社会保障情况进行了深入分析；最后，对中国城市少数民族流动人口的管理与服务提出了意见和建议。衷心地希望通过笔者的努力，可以为中国少数民族流动人口更好地适应和融入城市生活，为中国城市少数民族管理与服务工作的顺利展开贡献自己的绵薄之力。

本专著的主要读者对象包括高校人口学、民族学与社会学、统计学、经济管理类专业的本科生、研究生，公共管理领域的专家学者及理论工作者，企业各级经营管理者以及政府民族主管部门的人士。

在本书的筹备过程中，我阅读了大量人口学、民族学与社会学、统计学、经济管理类书籍与文献，在阅读这些著作或文章的过程中，就好像与这些学术思想进行了一次神交，这些学术思想给予我很多启迪，而且对于我学术上的进步给予了莫大的帮助，我在书后的参考文献中对这些学者及其作品大致列出，或许还有一些疏漏，总之，在此一并表示感谢！

还要感谢王腾、尤丽、黄东海、王娅、甄学颖等同学，他们参与了本课题的调查问卷发放和回收以及数据的采集和整理等方面的工作，为书稿的顺利完成做出了贡献。

最后，在本书的审稿和出版过程中，中央民族大学理学院的领导和中国财政经济出版社的编辑提供了大力的帮助和支持，在此特致以最诚挚的谢意！同时，也感谢我的家人一直以来对我的默默支持与无私奉献！

由于时间仓促，加之水平有限，书中疏漏及不妥之处在所难免，恳请读者批评指正。

作 者

2012 年 11 月

# 目 录
MULU

# 第1章 diyizhang
# 概 述

作为全书的理论基础和研究的起点，本章主要对城市少数民族流动人口的相关概念进行界定，明确少数民族、流动人口、城市少数民族流动人口以及生活适应性的相关概念；其次是指出本项研究的重要现实意义和学术意义。

## 1.1 少数民族流动人口的相关概念

### 1.1.1 少数民族

有关民族的界定问题，中国学术界历来有争议，但也有一个基本的共识，那就是，斯大林的民族定义仍是对民族概念最简明的科学概括。斯大林在《马克思主义和民族问题》一书中指出："民族是人们在历史上形成的一个有共同语言、共同地域、共同经济生活以及表现在共同文化上的共同心理素质的稳定的共同体。”① 而少数民族指的是多民族国家中人数最多的民族以外的民族，在中国是指汉族以外的民族，如蒙古、回、藏、维吾尔、哈萨克、苗、彝、壮、布依、朝鲜、满等民族。中国自古以来就是一个统一的多民族国家。新中国成立后，通过识别并经中央政府确认的民族共有 56 个。由于汉族以外的 55 个民族相对汉族人口较少，习惯上被称为“少数民族”。

中国的少数民族有四方面特点：

**1. 中国的少数民族历史悠久，少数民族地区地域辽阔、资源丰富**

中国民族自治地方的面积占全国总面积的 64%，这里草场资源、森林资源、水力资源、动植物资源和旅游资源都十分丰富。从夏、商、周至秦汉时期，当汉族的先民华夏族开发黄河流域的时候，各少数民族先民也同时开发了周围的广大地区。生活在东北的东胡、肃慎、挹娄、夫余、乌桓等民族在东北三省的广大地区，北部的俨狁、狄、匈奴、鲜卑等民族在今蒙古草原和华北北部以及西北一些地区，西域的龟兹、于阗、鄯善等“城郭国”的各族在今新疆地区，西北部的戎、羌、氐等族在今西藏、青海地区，南部的苗、濮、武陵蛮、长沙蛮以及东南部的百越等南蛮各族在今长江流域的广大地区，黎族和高山族的先民分别在海南岛和台湾，越人的一支在今香港、澳门地区，等等，各民族祖先在各个地区，以他们辛勤的劳动，为统一多民族国家的建立打下了基础。

① 斯大林. 马克思主义和民族问题. 斯大林选集（上卷）［M］. 人民出版社. 1979. 第 64 页.

**2. 各民族分布的特点是："大杂居、小聚居"，相互交错居住**

在中国，汉族地区有少数民族聚居，少数民族地区也有汉族居住，这种分布格局是长期历史发展过程中各民族间相互交往、流动而形成的。从全国的情况来看，虽然汉族主要居住在内地和沿海各省市，少数民族主要居住在边疆各省、自治区，但居住情况不像区划那样整齐划一，而是交错杂居。一方面汉族居民遍布全国，另一方面各少数民族大都有自己的聚居区。在许多民族自治地方汉族与少数民族混居，汉族人口在这些地方占有不小的比重。中国少数民族人口虽少，但分布很广。全国各省、自治区、直辖市都有少数民族居住，绝大部分县级单位都有两个以上的民族居住。中国的少数民族主要分布在内蒙古、新疆、宁夏、广西、西藏、云南、贵州、青海、四川、甘肃、黑龙江、辽宁、吉林、湖南、湖北、海南、台湾、重庆等省（市）、自治区。

**3. 各民族历史悠久，有不同的民族文化和风俗习惯**

中国各民族都是中华民族的一分子，共同创造了中国几千年的悠久文化。55个少数民族中，除回族、满族已全部转用汉语外，其他53个民族都有自己的语言。有些民族内部不同支系还使用着不同的语言。中国各少数民族的风俗习惯差异较大，具有不同的生产方式和生活方式，表现在服饰、饮食、居住、婚姻、礼仪、丧葬、节庆、禁忌等方面，大都有自己民族的节日。具体归纳有：（1）中国各少数民族的丧葬习俗各有不同，有火葬、土葬、水葬、天葬等不同的葬法。（2）在中国，约有十个少数民族有食用清真食品的传统习惯。（3）中国各少数民族年节习俗丰富多彩。例如，藏族的藏历新年、"雪顿节"，回、维吾尔等民族的"开斋节"、"古尔邦节"，蒙古族的"那达慕"，傣族的“泼水节”，彝族的“火把节”，等等。各少数民族自由地按本民族的传统习惯欢度节日，国家按照各少数民族年节习惯安排假日，并供应节日特殊食品。（4）中国的一些少数民族还保留着本民族的传统医药。1992 年，国家确定了蒙药、藏药、维吾尔药的制剂中心，将传统医药与现代研制技术相结合已经生产了十几种剂型，上百种藏药、蒙药、维吾尔药品种。（5）中国少数民族传统体育运动内容丰富，形式多样，历史悠久，特点鲜明，不仅具有高度的技巧，而且常常伴有歌舞、音乐，例如，赛马、射箭、马上游戏“叼羊”、摔跤、荡秋千、跳板、赛龙舟、登山等等。现已挖掘、搜集、整理出少数民族传统体育项目 290 多个。

**4. 宗教在中国少数民族中有比较广泛和深刻的影响**

中国少数民族中，信仰藏传佛教（俗称喇嘛教）的，有藏、蒙古、土、裕固、门巴、普米、纳西等 7 个民族；信仰上座部佛教（俗称小乘佛教）的，有傣、布朗、德昂等民族和部分佤族；信仰伊斯兰教的，有回、维吾尔、哈萨克、东乡、保安、撒拉、柯尔克孜、塔塔尔、乌孜别克、塔吉克等 10 个民族；信仰基督教的，有彝、苗、拉祜、景颇、傈僳等族的一部分。俄罗斯和鄂温克族的一小部分人信仰东正教。在独龙、怒、佤、景颇、高山、鄂伦春、珞巴等一些少数民族中，还保持着原始的自然崇拜和多种信仰。各民族群众，不论信仰何种宗教，他们正常的宗教活动都受到法律保护。在少数民族散居的地区，他们宗教信仰自由的权利也受到了充分的尊重和保护。宗教在少数民族生活中占有不容忽视的位置，并深刻影响着少数民族社会生活的方方面面。中国政府根据《中华人民共和国宪法》“关于公民有宗教信仰自由”的规定，制定了具体政策，尊重和保护少数民族的宗教信仰自由，保障少数民族公民一切正常的宗教活动。

### 1.1.2 流动人口的相关概念

由于理解和使用范围的不同，学术界、政府部门以及社会公众对与流动人口有关的概念有着不同的认识，特别是由于研究视角的差别，流动人口、迁移人口、农民工等概念经常被误用或混用。因此，对与流动人口相关的概念进行科学界定，不仅是进行有关群体研究的基础，也是确保各项政策措施准确定位的必然要求。

**1. 迁移人口与移民**

在人口学上，不像对出生和死亡的定义那样明确，很难对迁移进行准确的定义，所以有人认为迁移研究很长时间以来就像人口研究的“继子”一样。

在国际上，一般把人口迁移定义为人口在空间上的位置变动。联合国编纂的《国内迁移衡量方法》（1970）为迁移和移民的定义奠定了基础。该文献对迁移的定义是“有一定最低距离限度的从一个区域向另一个区域的移动，并在移动期间发生居住地的改变。”该文献对移民的定义是：“通过迁移改变其常住地的人。或在迁移期间至少一次有一定最低距离限度的从某一地到另一地的人。”联合国《多种语言人口学词典》则将人口迁移定义为“人口在两个地理单元之间的空间移动，通常会涉及居住地的永久性变化”（UN，1958）。发生人口迁移活动的人则是迁移人口。美国人口资料局编印的《人口手册》对迁移的定义是“以改变定居地为目的，跨越规定边界的人口移动行为”，强调了迁移的目的和地理区间的跨越。

在中国，由于户籍制度的存在，常常把人们的地区移动或者空间移动区分为人口迁移和人口流动两种。根据有无发生户籍的变动，将发生迁移和流动行为的人分别称为迁移人口和流动人口。人口迁移主要是指以改变居住地为目的，跨越一定地区（地界）的人口迁移行为。已有研究中的分类一般是从迁移的地区差异、时间差异、迁移的主体和方式等方面的差异来进行划分的。在国内绝大多数学者对迁移人口的定义中，重点在于强调户口登记地的改变。如魏津生将迁移定义为“发生在国内不同省区或县（市、市辖区）之间的各类改变户口登记常住地的人口移动”。吴晓指出迁移人口指因为工作调动、升学、嫁娶等使户籍发生变更的人口，一般而言享有和城市本地人相似的市民待遇。

**2. 人口流动和流动人口**

人口流动是指人们超过一定时间长度、跨越一定空间范围、没有相应户口变动的空间位移过程，并在一定时间内往返于居住地与户口所在地之间的人口移动[①]。发生这种流动过程的人口即为流动人口。

可以说，流动人口是在中国户籍制度条件下的一个概念，指离开了户籍所在地到其他地方居住的人口，但目前尚无明确、准确和统一的定义。一般而言，流动人口是指人们在没有改变原居住地户口的情况下，到户口所在地以外的地方从事务工、经商、社会服务等各种经济活动，即所谓“人户分离”，但排除旅游、上学、访友、探亲、从军等情形[②]。吴晓认为广义上的流动人口指那些离开常住户口所在地，在异地行政区停留的人，狭义上专指那些以谋生盈利为目的，自发从事社会经济活动的迁移人口和暂住性人口[③]。还有学者指出，流动人口是与常住人口相对应的。常住人口要成为流动人口，须同时具备三个条件：（1）离开本人常住户籍所在地（人户分离）；（2）跨越一定的行政辖区范

---

① 段成荣．我国的“流动人口”［J］．西北人口．1999（1）．

② 姚松华，许学强，薛德升．中国流动人口进展［J］．城市问题．2008（6）．

③ 吴晓．城市中的“农村社区”——流动人口聚居区的现状与整合研究［J］．城市规划．2001（12）．

围；（3）在他地居住、滞留，从事各种活动，最终返回原籍①。

国际上，类似的群体被称为“国内移民”（internal migration）。在中国，目前人口流动主要是由农村流向城市，由经济欠发达地区流向经济发达地区，由中西部地区流向东部沿海地区。

流动人口可以分为流入人口和流出人口，流入人口是指来到该地区的非户籍人口，流出人口是指离开该地区到其他地方居住的户籍人口。流动人口根据流动性可以分为常住流动人口和短期流动人口，常住流动人口一般指在该地区居住较长的一段时间（如半年以上）。

**3. 外来人口和外来务工经商人口**

外来人口是人口普查中的概念，多是针对“本地人口”或者是针对更严格的“本地常住户籍人口”而言从管理的角度出发而提出的概念，泛指现住地与户口登记地不一致的人口，这一概念在不同时期有不同的界定。比如，1990 年中国第四次人口普查中的定义是“入住本县、市不满一年离开户口登记地一年以上的农业人口数”和“入住本县、市不满一年离开户口登记地一年以上的非农业人口数”。北京市 1997 年外来人口普查方案将“外来人口”定义为在普查时点上，居住或停留在北京行政区域内，但“户口不在本市”的人（包括在京的外籍和港澳台人员）（北京外来人口普查小组办公室，1997），此时外来人口既包括了“较长时间”居住在本地的人，也包括了短期停留以及过境的人。但由北京市流往其他地区的人口已经不包括在这一概念里了。2000 年中国第五次人口普查和 2010 年第六次人口普查中对外来人口的定义是“在本街镇居住，离开户口登记地半年以上的人口数”。

---

① 翟振武，段成荣等．跨世纪的中国人口迁移与流动［M］．中国人口出版社．2006.

对于流动人口和外来人口的使用选择，不少学者表示谨慎态度，因为后者多少带有歧视色彩。在中国特殊制度背景下，流动者被复杂化为不同身份的携带体，来自乡村的和农业户口的人在城市被视为外来的，外来群体变得与西方城市中的种族群体类似。可见，“外来的”不仅仅是地理上的概念，而且内化于中国二元社会经济制度中，存在一个被制度重新建构的过程。

“外来务工经商人口”，则是上述“外来人口”的一部分，是那些“较长期居住在本地”、有“固定职业或收入”的人。比如《北京市外地来京务工经商人员管理条例》规定，外地（来京）务工经商人员，“是指无本地常住户口，暂住本市从事劳务、经营、服务等活动，以取得工资收入或者经营收入的外地人员”。显然，“外来务工经商人口”与“外来人口”之间是有较大差距的。

例如，据北京市第六次全国人口普查数据：2010 年，全市常住人口为 1961.2 万人，外来人口在常住人口中的比重已由 2000 年的 18.9% 提高到 2010 年的 35.9%，全市常住人口中，外省市来京人员为 704.5 万人，少数民族外来人员为 28 万人。

**4. 人户分离人口**

在 2000 年之前人口普查和调查对流动人口的界定中，根据数据本身的特点，将离开户口登记地异地居住超过一定时间的人都定义为流动人口①。但是，这些离开户口登记地在异地居住的人实际上包含了至少两类差别十分明显的人，一类是远离家乡到“外地”经营、就业或学习等的人，另一类是在一个城市市区范围内因为搬迁等原因而形成居住地与户口登记地相分离的人。前一类人口在很大程度上与人们在日常生活中所说的流动人口比较

---

① 段成荣，孙玉晶．我国流动人口统计口径的历史变动［J］．人口研究．2006（7）．

接近，主要是受经济利益的驱动或因生活所需而发生的人口户籍所在地、常住地和现住地的不一致，也是目前人户分离的主体现象[①]。后一类人口被称为城市内部人户分离人口，造成这类“人户分离”的原因是多方面的，比如，婚嫁后并未将户口及时迁入新家，搬迁新居后并未转移户口等，因此，这一类人户分离人口在年龄结构上、婚姻状况上、健康程度上等都与通常意义上的流动人口有着较大的差别。例如，中国2010年第六次人口普查公报中提到的全国2.21亿流动人口中，就未包括城市内的人户分离人口。

根据户口与人分离的特点也可将“人户分离”人口分为“人动户不动”与“户动人不动”两种类型。上述所说的人户分离人口中多为“人动户不动”类型；另有一小部分人户分离的情况是“户动人不动”，例如“高考移民”现象，以及一些毕业生在未找到工作前或为了就业、上学方便将户口挂靠到亲朋处等，这些“迁移”或“流动”只是一项记录，其实并未真实发生人口“流动”。

### 1.1.3 城市少数民族流动人口

少数民族流动人口是一个在语言、宗教信仰、风俗习惯等方面与汉族迥异的特殊群体。改革开放以来，少数民族开始走出家门进入城市，成为城市的重要组成部分。对于城市中的少数民族人口，我们一般按其是否取得所在城市的户籍和居住在该城市时间的长短分为世居少数民族人口、新进少数民族人口和流动少数民族人口[②]。相对于前两种城市少数民族人口，流动少数民族人口最显著的特点就是不具

---

① 赵乐东. 新时期人口流动和流动人口的统计学研究［J］. 经济经纬. 2005（6）.
② 沈林，张继焦等. 中国城市民族工作的理论与实践［M］. 民族出版社. 2001.

有当地城市的户籍。无论是在城市中已经居住了几代人的世居少数民族人口，还是由于工作、求学、经商、婚姻或其他原因进入城市的新进少数民族人口，他们都是拥有当地城市户籍的少数民族人口，而流动少数民族人口由于各种社会原因和制度因素并未取得当地城市户籍。以流动少数民族人口的这一鲜明特征为切入点，我们可以归纳出城市少数民族流动人口是特指那些非当地城市户籍，但在当地从事各种工作和活动的少数民族人口。在此需要我们特别重视的是，当城市少数民族流动人口是基于某一具体城市而言，那么其通常是指流入人口，不包括流出人口。

在当前少数民族人口流动的大潮中，有两个亟待关注的少数民族人口流动的潮流：一是西部地区少数民族农村劳动力向当地城镇的流动，在许多西部城市中汉族是城市居民的重要组成部分；二是西部少数民族农村劳动力向沿海和中部汉族聚居城镇的流动。目前，城市少数民族流动人口增长十分迅速，在许多城市中甚至已经超过当地少数民族户籍人口。本书的研究对象就是如上所述的城市少数民族流动人口。

### 1.1.4 流动人口的生活适应性

流动人口的生活适应性，是指流动人口的城市融入的情况，包括经济融入、社会融入和心理融入。相应地看，流动人口的生活适应性也就有经济适应性、社会适应性和心理适应性三个方面内容。经济适应性是适应的基础，也就是流动人口在城市的吃穿住行方面的情况，而这些又由他们的收入和就业情况决定；社会适应性是流动人口城市适应的行为特征，由流动人口的社会交往、社会参与决定，而这又与他们的受教育情况密切相关；心理适应性是更深层次的社会融入，反映在当不同文化发生碰撞时，流动人口的心理表现和心理调试的能力。少数民族流动人口是一个在语言、宗教信仰和风俗习惯等方面与城市市民以及普通流动人口有一定差异的文化携带者，他们流入到城市将面临更加严峻的生活适应性问题。

## 1.2 城市少数民族流动人口研究的重要意义

少数民族聚居区一直是中国民族学和文化人类学传统上的研究重点，但是包括城市在内的散杂居地区少数民族的研究相对比较薄弱，由于城市在社会中的特殊地位和作用，加强对城市少数民族的研究十分必要。特别是在城市化进程加快和城市少数民族流动人口急剧增加的背景下，认真考察城市中少数民族流动人口的状况，在学术和现实层面上均具有非常重要的意义。

### 1.2.1 城市少数民族流动人口研究的现实意义

农、牧区人口向城市“上行”流动，西部地区民族人口向东部城市“东行”流动已成为现实中人口流动的重要特点。而且，这种流动所涉及的人口数量、流动范围越来越大，流动频率越来越高。据2000年第五次人口普查，居住在城市和散居地区的少数民族人口已经超过少数民族总人口的1/3。北京、深圳等城市都拥有55个少数民族成分，各省会、首府城市和大中城市也都有数十种民族成分。西部民族地区每年有大量临时或长期务工者流向东部和东南部的城市，同时因就学等原因流向东部和东南部城市的少数民族成员也逐年增加。2005年广东省居住半年以上的少数民族流动人口已达到98万人，比2000年增加了31万人。其中，广州市达到22.18万人，比2000年增加了11.2万人；深圳市达到34.56万人，比2000年增加了14.29万人；东莞市达到20.14万人，比2000年增加了4.2万人。2002年西北回民在江苏省经营的清真拉面馆只有300多家，到2005年已发展到3000多家，3年间增长了近10倍①。

由于文化背景、风俗习惯、宗教信仰、民族认同感等原因，流入城市的少数民族人口多喜欢聚居，并且他们还具有一些鲜明的特点：他们主要从事商业服务业、生产运输等行业；年龄在15~35岁的占少数民族流动人口的80%以上；他们的文化素质普遍较低，大多只有小学、初中学历，其中，未上过学的流动人口，在回族、藏族、哈尼族、哈萨克族、彝族流动人口中的比例在20%左右。此外，少数民族流动人口进入城市之后改变了原有的社会关系，并引发了一些问题，主要包括：少数民族流动人口流露出的不良习俗引起城市居民的误会以至摩擦；因不尊重少数民族风俗习惯而引发的事端影响民族关系的问题；与少数民族成员相关的经济案件中影响民族关系的不稳定因素；一些少数民族“三无”人员（无身份证、无务工证、无暂住证）扰乱社会秩序等。

而少数民族向城市迁移和流动以及民族地区城市化进程的加快，是不可阻挡的发展趋势。多民族的国情决定了民族问题将是中国长期面对的敏感问题和重要问题。目前在一些大中城市，少数民族流动人口数量众多，在创业就业、儿童就学、法律援助、语言服务、精神文化需求及基于民族特点的特殊需要等方面，都面临诸多困难和问题。

① 中国民族问题的主要表现形式——少数民族被边缘化的忧虑［OL］．中国穆斯林青年网．2011-1-22．http：//www.muslem.net.cn/bbs/article-5334-1.html.

由于相应的服务和管理跟不上，导致一些少数民族的合法权益受到损害，甚至出现一些影响民族关系的问题。在此情形之下，从少数民族聚居地区流动人口的特点，从少数民族流动人口流动的动因、特征和影响，从少数民族流动人口城市生活的经济适应性、社会以及心理的适应性，从城市少数民族的社会保障，以及从城市少数民族流动人口的管理和服务的角度对城市少数民族流动人口展开全方位的探讨和研究是非常必要的，对于少数民族流动人口更好地融入城市生活、对于城市少数民族流动人口服务与管理工作的顺利进行、对于建设和谐社会都具有重要的现实意义。

### 1.2.2 城市少数民族流动人口研究的理论意义

少数民族流动人口属于民族工作的重要对象，城市少数民族流动人口的管理与服务是当前城市民族工作的重要组成部分。只有做好城市少数民族流动人口的管理与服务工作才能充分保障他们的各项平等权益，才能实现城市各民族的和谐生活。要做好城市少数民族流动人口的管理与服务工作，就必须深入研究城市少数民族流动人口问题，只有充分把握城市少数民族流动人口的特点和他们的经济生活、就业、居住以及社会保障等民生状况，才能为少数民族流动人口这一特殊群体提供更好的帮助，提高少数民族的城市融入程度，促进城市管理部门、城市常住居民与少数民族流动人口之间的沟通和理解，也才能为管理和决策部门提出合理的政策建议，进而提升城市少数民族流动人口管理与服务的水平，促进城市民族关系向更加和谐团结的方向发展，实现城市更高层次的经济社会发展，促进社会的和谐与稳定。

在城市化进程加快和城市少数民族流动人口急剧增加的背景下，认真考察城市中少数民族流动人口的状况，在学术层面上也具有非常重要的意义。通过对少数民族流动人口与城市经济发展的调查研究，能在一定程度上丰富和拓展人类学、民族学、经济学、民族经济学、社会学、人口学以及统计学的研究领域，并进一步深化对有关问题的认识。

# 第2章 dierzhang 国内外流动人口研究综述

本章主要对国内外关于人口迁移与流动的理论，特别是关于城市外来流动人口的理论做一下梳理。

## 2.1 国内外关于流动人口迁移与流动的理论

国外关于人口迁移与流动的研究较早，因此相关的理论、模型或假说十分丰富，为解释人口流动问题提供了比较系统的思想体系。早在17世纪，古典经济学的创始人威廉·配第（Willian Petty）就从经济发展的角度揭示了人口流动的原因。西方学者关于迁移个体空间行为的研究中比较成熟的理论和模型就有10余种。从宏观方面加以论述的模型有：推-拉理论、二元经济结构理论、托达罗模型、二元劳动市场理论、劳动力市场分层理论、移民网络理论、国际迁移的累积因果关系、世界体系理论、结构主义理论和人口转变理论体系等；从个人或家庭行为的微观视角加以论述的理论和模型有：相对经济地位变化假说、人口迁移理论、人口迁移决策理论、“投资-收益”理论、均衡模型、不均衡模型、新经济迁移理论、家庭决策理论等。其中最具影响力的是推-拉理论、二元经济结构理论、“投资-收益”理论、预期收益理论、相对经济地位变化假说等。

在中国，改革开放前，国内的流动人口规模小，人口流动问题长期以来没有得到重视。改革开放以后，人口流动加剧，引发了人们对流动人口问题的关注，近些年来也取得了一些有意义的成果，特别是在流动人口的统计属性和空间分布、人口流动的影响因素、人口流动与城市化的关系、人口流动对区域经济发展的影响等领域取得了一些成果。但总的来说，国内关于人口流动的理论多是国外相关理论的应用和发展。

### 2.1.1 雷文斯坦的人口迁移论

1885年雷文斯坦（Ravenstein E. G.）总结了人口迁移的类型、动机和迁移者的特征等要素，提出了著名的人口迁移七大定律，西方学术界一般认为该理论为最早的人口迁移理论（见表1-1）。

**表1-1　雷文斯坦的人口迁移七大定律及内涵**

| 研究领域 | 具体定律 | 定律内涵 |
|---|---|---|
| 迁移机制 | 经济律 | 为了提高和改善生活质量而进行迁移。 |
| | 城乡律 | 乡村居民比城镇居民迁移的可能性要大。 |
| 迁移结构 | 性别律 | 女性迁移以短距离为主，且相对于男性迁移性更强。 |
| | 年龄律 | 各年龄段，人口迁移的倾向是不同的，青年人是人口迁移的主体。 |
| 空间特征 | 距离律 | 移民的数量分布随着距迁入中心距离的增加而减少。 |
| | 递进律 | 中心城市吸纳乡镇人口所造成的空缺，将由乡镇周边更远地区的居民填补，直到中心城市的吸引力波及最偏远的角落。 |
| | 双向律 | 迁移流向不是单向的，每一股主流都伴随相应的逆流存在。 |

### 2.1.2 博格的推－拉理论

唐纳德·丁·博格（D. J. Bogue）等人提出的“推－拉”理论着眼于迁移原因的分析，即研究移民迁出地与迁入地之间由于自然环境和社会经济发展的空间差异形成的推拉力的外部机制以及移民个体差异的内部机制的一种理论与方法。该理论认为每一个地区都同时存在某种吸引人的因素和排斥人的因素，正是在这种综合因素的作用下发生了人口的迁移；当影响迁移的主要因素在原地表现为斥力时，流向效率较高。此外，推－拉理论认为迁移者具有五种特征，即：(1) 迁移具有选择性；(2) 人口迁移可以分为正向人口迁移和负向人口迁移；(3) 迁移的中间障碍越大，被淘汰的弱者越多，则迁移的选择性越强；(4) 迁移选择的过程与人的生命周期有关；(5) 迁移人口的特征介于原居住地人口和迁入地人口之间①。

古典的推－拉理论主要强调劳动力迁移是由迁入和迁出地的工资差别引起的，并从一般均衡的观点认为人口迁出地由于劳动力减少而将引起工资上升，迁入地则由于劳动力的增加而相应地引起工资下降，最后两地工资达到均衡，即劳动力流动停止。

在博格和列文斯坦的基础上，李（E. S. Lee）发展了人口迁移理论，他建立了一个完整的分析框架，试图解释从迁出地到迁入地的过程中所遇到的吸力和阻力以及不同人群对此的反应，包括迁出地的影响因素、迁入地的影响因素、迁移过程的障碍和个体特征四方面的内容。李认为，迁出地和迁入地的许多因素对迁移决策产生影响，人们对迁出地和迁入地的了解程度影响迁移决策；在迁移时会遇到许多障碍因素，这些因素既有客观的方面也有主观的方面；面对阻力，

① 邬沧萍．人口学学科体系研究［M］．中国人民大学出版社．2006.

不同的人群做出不同的评估和决定，因为个体特征是不一样的。只有迁移动力强并能克服迁移阻力的人才能最终完成迁移过程。李进一步深化了推-拉理论，但由于缺乏科学推断和假设检验，因而有一定的局限性。

人口迁移的推-拉理论是人口迁移理论中得到广泛认同和应用的理论。它在解释人口流动的动因和特点等方面具有突出的作用。特别是该理论在中国根据人口流动的特点又得到一定的发展，是解释中国人口流动的核心理论。在中国，很多学者对人口迁移的推力和拉力理论作了不同程度的发展。比如，王桂新运用空间无制约引力模型分析了区域经济收入与经济规模对省际人口迁入和迁出所产生的吸引和推排作用；陈吉元等认为农民失业率高的推力和城市收入高形成的拉力是促进农民进城的原因。此外，辜胜阻、简新华、白光润、朱海森、翟锦云、马建等等一些学者都在推-拉理论上有所发展。

### 2.1.3 刘易斯的二元经济模型和费-拉尼斯模型

第二次世界大战以后，人口迁移理论跟随经济发展理论和实践的发展而发展。学者们利用科学技术的发展成果，结合丰富的实践活动，对人口迁移问题进行研究和验证，将迁移原则模型化。其中最著名的就是刘易斯和托达罗的新古典迁移模型。

美国著名经济学家、1979年诺贝尔经济学奖获得者刘易斯（W. A. Lewis）所建立起来的劳动力转移模型具有经典的意义，他在1954年《劳动力无限供给条件下的经济发展》一文中建立了经典的二元经济及其劳动力转移模型。

刘易斯认为，发展中国家是典型的二元经济，其经济结构可以概括为两大部门：传统部门（以传统的农业部门为代表）和现代部门（以现代工业部门为代表）。在自给的农业部门中，劳动力相对于资本和土地过于丰富，以致把一部分劳动力转移出农业，农业产量不会减少。这意味着，对于资本主义部门（现代部门）按照现行工资所提供的就业机会来说，劳动力的供给是无限的，而两大部门工资的差别，也诱使传统部门的劳动力源源不断地向现代部门转移，加之资本家把人转化为资本的行为，造成了现代部门进一步增强其吸收劳动力的能力。因此，刘易斯劳动力转移模型的实质内容就是劳动力无限供给条件下，资本主义部门的扩大和农业部门的缩小。由于边际生产率递减规律的作用，从事传统部门劳作的农村剩余劳动力不断向现代部门转移，在这个过程中，二元结构逐渐转化为一元，农村剩余劳动力被全部吸收的这个时点，被称为“刘易斯拐点”。

刘易斯模型第一次从宏观的层面上科学地揭示了劳动力转移的动力和过程。其次，刘易斯提出的发展现代工业，通过现代部门的资本积累来吸纳农业剩余劳动力，具有较普遍的借鉴意义。但是，也有一些批评的意见，例如，有人认为，随着资本积累扩大，就业机会同比增多的情况被认为是不切实际的。又如，刘易斯模型假设农业剩余劳动力进入城市后，能立即找到工作，也是不切实际的，因为发展中国家不仅存在严重的农业隐性失业问题，也面临着严峻的城市失业问题。

拉尼斯和费景汉（Ranis and Fei）对刘易斯模型进行了修正。他们强调了农业劳动生产率的重要性，指出只有提高农业劳动生产率，才有可能有一部分剩余农产品提供给转移出来的劳动力消费；并明确提出了劳动力转移的三个阶段：劳动力边际生产率为零的无限供给阶段；农村劳动力边际生产率为正，固定工资率开始提高，“第一转折点”出现阶段；劳动力边际生产率与工资率相当，“第二转折点”出现，农业和工业争夺劳动力阶段。修正后的二元经济模型被称为刘易斯-拉尼斯-费模型。

自2004年1月起，中国出现了一种新的“民工荒”现象，起初在个别行业、地方出现了用工短缺，进而迅速蔓延到珠三角、长三角、闽东南等国内多个地区。面对这种现象，中国学者曾一度争论其是否是“刘易斯拐点”的问题。进而认为是中国独特的的城乡二元结构导致了这种局面。

### 2.1.4 托达罗模型

虽然修正后的刘易斯-拉尼斯-费模型扩大了其解释力，能继续部分解释农村劳动力转移的一些规律，但并未解释为何农民向城市流动会不顾城市事实上存在的失业而继续进行。对此，托达罗（Michael P. Todaro）提出了预期收入理论。该理论认为迁移者将选择前往获得最大预期收入的流入点。

托达罗模型认为：（1）城乡劳动力迁移的动力是劳动力在城市获得的预期收入，而非即期绝对收入。（2）个体迁移决策是建立在个体素质、进城后找到工作的概率和收入，以及迁移的实际成本和机会成本等因素综合权衡后的结果基础上的。如果预期收入大于迁移成本，则作出迁移的决定，否则就不迁移。（3）人们在做出迁移决策时，不仅考虑短期内的预期收入和成本，而且考虑长期的预期收入和成本，甚至从整个生命周期来权衡；如果长期收入能弥补短期损失，他们也会做出迁移决定。（4）在同一个时间或地区，人们的迁移倾向是不同的，因为他们的个体特征千差万别。

学者认为，用托达罗模型来解释中国城镇有大量失业和严重不充分就业的情况下，依然出现大规模的乡-城劳动力迁移现象是令人信服的。在中国，迁移个体都倾向于迁往大城市，因为大城市不仅具有更高的收入，而且其就业概率也大。后来的学者从城市劳动力市场的作用、工资率水平、就业与失业概率、农村发展政策对迁移的影响等方面对托达罗模型进行了实证研究，从许多方面证明了模型的有效性。钱晓颖利用托达罗模型构建的计量经济模型对我国农村人口城乡迁移规模进行了实证分析，得到两个结论：第一，中国城乡实际收入差距扩大已显著地阻碍了农村人口向城镇的长期迁移；第二，制度因素使城镇的农村劳动力仅能获得城镇劳动力报酬的一小部分。

但是，托达罗模型也有弱点：第一，该模型关于失业只是城镇的事情，而农村不存在失业问题的假设难以在中国这种劳动力资源丰富而土地资源稀缺的发展中国家得以验证；第二，过分强调个人动机的同时，忽视了社会结构制约因素；第三，有研究指出，实际上预期的城乡收入差异会比托达罗模型所表述得更小而不是更大，现实中一些风险规避的迁移者可能就会因此退出迁移大军的队伍。

### 2.1.5 舒尔茨的人力资本理论

西奥多·舒尔茨（T. W. Schultz）在其著作《人力资本投资》一书中，把“个人和家庭进行流动以适应不断变化的就业机会”看做人力资本投资的五个主要方面之一。斯达科用这种观点来解释人口流动的原因。他指出，人们流动时的花费是投资的成本，流动后的所得则是收益。因此，对流动行为的决策取决于流入地的平均收入是否超过流出地的平均收入加上流动过程中的其他支出，前者超过后者则选择流动，否则就不流动。这种迁移是比较理性的，但信息残缺时也会发生非理性的迁移行为。

把劳动力迁移理论和人力资本理论结合在一起并指出传统劳动力迁移理论中的迁移者选择问题的早期文献主要来自明塞尔（Jacob Mincer，1974）和贝克尔（Gary Becker，1975）等人的研究。人力资本迁移模型旨在为以前的迁移理论提供一个微观分析基础，以检验迁移决策及其产生的影响。在人力资本模型里，城市部门的预期工资被假设是每个移居者个人技能的函数（因为个人技能影响他们在两个部门的生产力）并提出了一系列可以检验的假设。

人力资本理论把人口迁移看成一个投资的选择。并根据个人的技术水平，每个人能够估计出自己在各地区的预期价值。如果在一个潜在的迁入地区扣除迁移成本的预期经回报大于原居住地的收入时，迁移就可能发生。

中国学者段成荣结合时间因素，用 Logistic 回归模型进行了分析，认为年龄、性别、受教育程度和婚姻状况等个人因素在决定个人是否进行省际迁移方面的确具有显著影响作用。赵延东等探讨了职业培训和正规教育对流动人口经济地位的差异表现。曾旭辉对成都市的实证研究指出在市场化程度较高的非正规劳动力市场中，流动人口的教育回报率并不明显。

### 2.1.6 库兹涅茨的人口迁移理论

库兹涅茨认为，经济增长与人口的再分布是通过一些相互联系的因素连接在一起的。一个国家在任何时间上的人口分布都可以看成是对经济机会的反应，而经济机会的分布受技术发展的影响。技术发展的速度在各个地区之间是有差别的。与技术发展的速度相比较，地区之间出生率和死亡率差别作用太慢，不能有效调节人口的再分布以适应经济发展的需要。这样，人口迁移就成了适应地区经济发展差异的主要机制。

如果人口迁移不能改变人口与经济发展之间的不平衡，经济发展就会受到不利影响。在短时间内，人口迁移的成本可能会影响经济的发展，但就长期而言，人口迁移有助于经济结构的调整，从而促进全社会经济的发展。

### 2.1.7 沃尔波特人口迁移决策理论及模型

20 世纪 60 年代中期，沃尔波特（Wolpert）提出了人口迁移决策理论，回答了人们如何进行迁移决策的问题。沃尔波特的理论包括三个基本概念：（1）地点效用，即一个人在其所处的空间位置上所能享受到的各种条件的总和；（2）“满意因子”，即潜在迁移者根据可得性、过去的状况、其他人达到水平等调整自己的“期望水平”，根据可行性调整自己的迁移行为；（3）“活动空间”，即能够被选择作为迁移者目的地的地区。由于人们总是倾向于迁移到较稳定的地区，为达到此目的，人们会推迟迁移而寻找更多关于外部世界的信息，寻找信息的过程，有助于扩大个人的“活动空间”并进行比较。同时，人口迁移也受到外部环境的影响，从而形成各种具有共同特征的迁移人口群体。

在沃尔波特人口迁移决策理论的基础上，布朗（Brown）和摩尔（Moore）提出了人口迁移决策过程模型，主要讨论了人口迁移中居住地的选择问题。根据这一模型可知，人口迁移使人们对压力作出反应。只有当原居住地的地点效用由于自身的或者外界的压力减少到低于某一阀值时，迁移者才会决定迁移。但是，即使做出这种决定，人口迁移也不一定真正发生。

### 2.1.8 均衡模型与不均衡模型

希克斯认为地区间就业和收入等的差别会引起劳动力从收入低的地区向收入高的地区流动。同时，其他的与生活质量有关的地理、环境和气候等因素会对经济机会起到补偿作用而产生一定程度的均衡，使得空间地区间的收入差别不能完全反映地区间效用的差别，因而不引起区域间的迁移，但由于市场和迁移本身的调整都不是有效的，区域间经济机会在本质上是不均衡的，因而区域间经济机会的差别是引起区域间人口迁移的主要原因。

此后，斯亚斯达德、阿尔伯罗维奇、波格斯曼和伊荷曼等在人口迁移的研究中都沿用了希克斯的假设。这类传统的模型都假设空间区域间的收入差别能够反映地区效用的差别，人口迁移也正响应了这一差别，因此，人口迁移可以被看成是区域间的实际工资、就业变化的函数。

尽管这些研究中的一些承认与生活质量有关的非经济因素对经济机会起到补偿作用，承认人口迁移调整了区域间的这一差别，同时在市场的作用下区域间的均衡会重新建立，但这些研究一致认为市场和迁移本身的调整都是缓慢的，因此区域间的差别和不均衡是长期存在的，并且迁移总是能够反映这些差别。以这一类假设为基础的模型后来被称之为非均衡模型。

### 2.1.9 新经济迁移理论和家庭决策理论

"风险转移"、"经济约束"、"相对剥夺"这三个中心概念在其理论中特别重要。斯塔克和利夫哈瑞（1982）从迁移者角度出发运用图形说明迁移是分散风险的方式，而不是带来风险的行为。斯塔克和卡茨（1986）认为劳动力的乡－城迁移是由资本市场的不完全性引起的。斯塔克（1984）与伊兹哈基（1988）提出了一个劳动力迁移相对剥夺（relative deprivation）模型。

新迁移理论质疑传统理论关于绝对收入对迁移的固定影响的假设，认为家庭在做迁移决策时不仅考虑绝对预期收入水平，而且考虑相对于本社区或参照人群的收入水平，以减轻相对剥夺的压力，即使自己的收入水平有很大提高，但只要提高的程度不及参照人群，他仍然有种相对剥夺的感觉，仍然会决定迁移。可见，新迁移理论在做迁移决策时要考虑许多因素，不仅仅是工资差异。许多学者对本地市场条件与迁移动机，外出收入对社区经济发展、社会网络或制度对迁移决策的影响等方面进行了实证研究，证明了该理论假设的正确性和有效性。

家庭决策的目标理论认为家庭是分配资源包括人力资源的最小社会组织，并且是各家庭成员迁移行为的主要决策单位，一般由家庭来决定家庭中的一员或一些成员外出挣钱，而主要的决策者往往是父母或家庭男户主。人口迁移的规模、流向等是各个家庭迁移决策的结果。

### 2.1.10 二元劳动市场理论与劳动力市场分层理论

与传统迁移理论和新经济迁移理论不同，二元劳动力市场理论假设迁移的动机来自城市经济的二元结构及其内生的劳动力需求（Piore，1979）。在城市经济或发达国家的经济中存在工资待遇、条件优越的主导部门和工资待遇差、条件不好的辅助部门，这两个部门的劳动力市场供求是不一样的。本地居民一般在主导部门工作，而次要部门由于条件差对本地居民没有吸引力，劳动力供给长期不足，需要吸引外地劳动力补充，由此产生了迁移动机。在二元劳动力市场的基础上，中国学者又提出了三元劳动力市场下的乡－城两阶段迁移理论以及四元劳动力市场下的人口迁移理论。

劳动力市场分层理论将国际迁移的起源视为存在于发达工业社会经济结构中的需求拉动。该理论认为，现代资本主义的内在发展趋势构造了一个双重部门的劳动力市场，发达国家的内在发展趋势导致愿意从事第二部门工作工人的短缺，因此，雇主便通过雇佣移民来填补被本国人所拒绝从事的第二部门的工作岗位。在拥有大量移民的城市，城市劳动力市场事实上被分为三级。在分层的劳动力市场结构中，移民常常被排除在第一部门劳动力市场之外，而且绝大多数移民零星地分布于第二部门劳动力市场中；在第二部门的劳动力市场中，移民的学历、技术和经历对他们的收入并不起重要的作用；然而在第三部门劳动力市场中，移民企业却对移民的受教育程度、技术和经历提供了相应的回报，并为这些企业中移民的未来发展提供机会。

### 2.1.11 世界体系理论、移民网络和国际迁移累积的因果关系

世界体系理论主要是从经济全球化的角度来认识和解释人口迁移问题。随着经济全球化的发展世界市场不断扩大，竞争的结果是多数发展中国家被边缘化，自身的发展过程被中断，成为部分核心国（发达国家）的附属国。发达国家的资本渗透到发展中国家的各个角落，控制了土地、原材料、劳动力和市场。于是双向流动不可避免，在资本向发展中国家扩张的同时，发展中国家的劳动力、原材料等也向发达国家流动。这种流动不是工资率差异的结果，而是市场竞争和经济全球化和结果。

移民网络是迁移者、以前的移民与在原籍地的家庭和朋友、与迁入地移民基于亲属关系、友情关系所建立起来的一系列特殊关系。这一系列联系被视为可以降低迁移成本，增加迁移收益和减少迁移风险，从而增加迁移的可能性。移民网络是一种社会资本，人们依据这种社会资本来达到获得在国外就业和获得高收入的有效途径。在一些城市，由于一些特定的民族和族群的存在，极大地增加了具有同样文化背景的另外一些人迁移到那里去的可能性。

国际迁移累积的因果关系是指国际迁移有一种内在的不断重复的趋势。对个人而言，每一次迁移行为是一种不断调整个人迁移动机和迁移预期，从而促使另一次迁移行为产生的过程。因此，迁移过程本身会得以不断地自我维系。

### 2.1.12 农村人口城市化的“二阶段”迁移理论

根据发展经济学关于城乡劳动力的经典理论的缺陷，以及中国大量乡城劳动力的“流而不迁”的现象，刘传江、董延芳提出了农村人口的城市化进程被分割成两个子过程的

观点：第一阶段从农民（农村剩余劳动力）到城市农民工，第二阶段从城市农民工到产业工人和市民的职业和身份变化过程。在中国，第一阶段的进程已无障碍，而第二阶段的转变仍举步维艰。

此外，中国对人口流动理论的研究主要集中于影响人口流动的因素。如李立宏把影响人口迁移的因素总结为10类：(1) 迁出地与迁入地之间的距离；(2) 迁出地和迁入地的经济发展水平；(3) 融资状况；(4) 产业结构情况；(5) 失业率；(6) 经济体制与国家宏观经济政策；(7) 迁出地和迁入地的总人口；(8) 人口迁移量；(9) 人地比；(10) 资源、气候、环境和社会科技文化发展水平。同时指出，在众多的因素中，距离、经济因素和人口变量起主要作用。

## 2.2 国内外对城市少数民族流动人口的研究

国外对城市少数民族流动人口的研究主要是针对外来移民的探讨，关于城市外来流动人口，也即移民的城市适应研究著作众多，他们多采用参与观察、文献资料分析进行定性研究。他们分别通过书信和日记等文本研究、访谈和参与观察等方法，对处于族际边界的国际移民的城市职业与谋生、群体组织生活、族群活动、城市适应与融入等进行了详细的考察和研究，并取得了富有价值的研究成果。

国内关于流动人口的城市适应的研究起步较晚，研究的对象主要集中在农民工身上，而很少涉及外国移民。许多学者从城市适应与融入角度，分析流动人口角色认同和行为方式的变化，探讨他们城市适应的内容与特征、适应与融入的影响因素及对策等。对城市少数民族流动人口的研究内容，国内外也有所不同。

### 2.2.1 国外关于少数民族流动人口的研究

从学科上来说，国外对城市少数民族的研究大都归类于都市人类学。大约在20世纪50~60年代，北美人类学家开始注意城市少数民族，如加拿大对讲法语的加拿大人和其他少数民族，美国对其境内的城市少数民族进行的研究。欧洲各国对少数民族研究也做出了成绩。但都市人类学作为一门独立的人类学分支学科，国际上通常认为应从60年代开始，因为这个时期出现了较多的著作，并对都市人类学学科建设进行了广泛讨论，取得了一定成果。都市人类学在20世纪70年代成为美国人类学中的一个专业研究领域，在80年代得到了快速发展，到了90年代它的影响已经非常广泛，以至于一些学者评论它是“正在逐渐地演变为一门重新整合的社会文化人类学”。

国外关于城市外来流动人口，也即移民的城市适应研究著作众多，他们多采用参与观察、文献资料分析进行定性研究。比较著名的有W.L.托马斯（W.L.Thomas）等人的《身处美国的波兰农民》、威廉·富特·怀特（William Foote Whyte）的《街角社会》、广田康生的《移民与城市》、周敏的《唐人街》、《美国华人社会的变迁》等等。

他们分别通过书信和日记等文本研究、访谈和参与观察等方法，对处于族际边界的国际移民的城市职业与谋生、群体组织生活、族群活动、城市适应与融入等进行了详细的考察和研究，并取得了富有价值的研究成果，为后来者的研究提供了良好的典范。

威廉·富特·怀特以“街角帮”一员的身份置身街角，对美国波士顿东区“科纳维尔”的意大利裔移民的城市生活进行了深入的研究。怀特通过对闲荡于街头巷尾的意裔青年的日常活动、社会交往、群体组织的内部结构、意裔社区非法团伙的经营与社会交往以及非法团伙成员的政治活动的观察和分析，发现科纳维尔是一个具有高度组织的、完整的社会制度的社区，意裔青年通过参与各种街角活动、在群体内彼此支持来适应城市生活，中青年移民通过非法经营活动，参与和支持特定的政治人物以获得庇护和生存机遇，从而实现在城市的立足与适应。

托马斯和 F. 兹纳涅茨基（F. Znaniecki）对美国波兰移民的城市生活适应进行了考察。他们通过波兰移民与其家庭成员之间的通信，揭示了波兰移民到美国之后如何寻找各种机遇并提升个人技能以顺利地适应美国的城市生活，并反映了波兰农民在波兰期间和移居美国之后转变为讲究经济理性的工人和市民的过程。他们强调，波兰农民为适应与他们相关联的社会群体而进行改变以与新环境接轨，成功适应美国生活的移民已经不太愿意回归故土。

广田康生通过聚焦日本横滨市以鹤见区为中心所形成的日本血统南美人社会，对日本社会外来越境移民族群的移民经历、生活方式、日常实践、移民族群网络及外籍未成年学生的研究，讨论越境移民在日本如何在拒绝同化的同时借助族群网络适应日本的生活，如何在城市追求经济方面的成功，如何绕行或克服各种既定条件与城市各种群体互动以及日本城市制度是如何为移民而做出调整的。他强调越境移民的族群网络与城市制度对移民生活的重要性。

周敏通过聚焦美国华人聚居的唐人街，运用社会学的理论和方法，以独特的视角展示出华人社会多元化和多层次的画面，深入地探讨了华人移民和华人社会面临的种种适应问题和挑战。她不仅关注了华裔聚居区的经济和社区组织，还特别关注华人移民二代、华人妇女及华裔商人等群体的适应问题。她指出，在唐人街，华裔移民得以在完全陌生的国度和文化环境中找到自己熟悉的文化和环境，找到喘息和生存的机会；同时，华人也得以保持自己特有的文化和习俗，使自己文化的精华和特质不至于在融入美国主流文化和主流社会的过程中失却。在唐人街，华人移民得到了很多就业机会，他们通过训练之后，积累了创业的经验，进而使得现代化的华裔经济日益繁荣，不断发展。华人在美国的普遍成功和加速升迁，在某种意义上应归功于华人社区这一经济策略的成功运作。

总之，国际移民作为族际边界上的城市新群体，多数以族群为主要活动范围，形成民族社会经济聚居区，通过共享资源和群体的团结互助，寻找各种机遇并提升个人技能，建立族群关系网络等多种方式，逐步适应并融入城市生活。多数从不发达地区进入大都市的移民，将一种结合紧密的、以家庭为基础的传统文化抛到身后，努力适应更为个人主义的、更具竞争性的都市生活，并逐步转变为具有经济理性的城市人，努力在城市定居下来。

### 2.2.2 国内关于少数民族流动人口的研究

**1. 国内对少数民族流动人口的研究**

中国从人口学领域和城市人类学领域对人口流动与迁移问题的研究起步较晚，直到改革开放之后对这一问题的研究才逐渐增多。较早对中国少数民族人口的系统研究有张天路的《中国少数民族社区人口研究》(1992)，反映了20多个民族的100多个社区的人口、社会、经济、自然等方面的现状和问题；张天路、黄荣清的《中国少数民族人口调查研究》(1995) 则在对9个民族（或地区）的人口调查资料分析研究外，还对全国55个少数民族人口进行了比较全面的分析和对策研究并提出了今后的任务，等等。2000年之后的研究论著有黄荣清的《20世纪90年代中国各民族人口的变动》(2004)；沈林、张继焦等的《中国城市民族工作的理论与实践》(2001)。而关于中国少数民族流动人口研究的论著则很少，仅有张海洋、良警予的《散杂居民族调查：

现状与需求》（2006）；陶斯文的《四川少数民族流动人口研究》（2007）；陶斯文的《西南民族地区城市化进程中人口流动与民族关系发展互动研究》（2012）等。

相比之下，对中国少数民族流动人口研究的论文比论著要多得多，有综述性的研究，有针对某一个地区的少数民族流动人口的研究，有针对某一个或某一类民族的少数民族流动人口研究，还有针对某一个问题的少数民族流动人口研究，可以说对中国少数民族流动人口研究越来越多、越来越深入。

对中国少数民族流动人口的综述性研究成果主要有：金春子的《城市少数民族流动人口与城市民族工作》（2002）；杨健吾的《城市少数民族流动人口问题研究——以成都市为例》（2002）；张继焦的《城市民族的多样化——以少数民族人口迁移对城市的影响为例》；王汉生、杨圣敏的《大城市中少数民族流动人口聚居区的形成与演变——北京新疆村调查》（2008）；汤夺先的《城市少数民族流动人口问题论析》（2009）；马戎的《关于当前中国城市民族关系的几点思考》（2009）；马戎的《中国人口跨地域流动及其对族际交往的影响》（2009）郑信哲、张红的《关于城市民族问题的研究评述》（2010）；黄荣清的《民族人口研究的进展》（2011）；段成荣、迟松剑的《我国少数民族流动人口状况研究》（2011），等等。

对中国某一地区的少数民族流动人口研究的成果主要有：李喜霞的《关于西安市少数民族流动人口的调研与分析》（2010）；孙文慧、高向东、郑敏的《上海市外来少数民族流动人口新情况、新问题的探讨》（2007）；汤夺先的《西北城市少数民族流动人口现状的调查分析——以甘肃省兰州市的调查为视点》（2008）；中共黑龙江省委统战部民族宗教处的《关于黑龙江省城市民族工作的调研与思考》（2010）；江苏省委统战部、省民族事务委员会、省社会科学院联合课题组的《积极应对转型期文化融合促进新时期民族共同发展——江苏少数民族流动人员情况研究报告》(2009)；张小蕾的《天津市少数民族流动人口调查研究》(2011)；韩芳的《乌鲁木齐少数民族流动人口的居留特征及政策启示——以乌鲁木齐市二道桥社区为例》(2010)，等等。

针对城市少数民族流动人口的某一类问题研究的成果主要有：王凤丽的《对乌鲁木齐市少数民族流动人口经济收入状况的问题研究——以乌鲁木齐市天山区四个重点片区流动人口为例》(2011)；汪志、高向东、黄丽鹏的《上海市少数民族流动人口生存发展状态探析》(2011)；汤夺先的《试论城市少数民族流动人口的物质生活贫困问题》(2010)；马冬梅、谢一帆的《少数民族进城务工人员社会网络及其影响因素——以广西桂林市为例》(2008)；刘毅《城市少数民族流动人口社会融入与社会管理创新》(2011)；王允武、王莹的《城市流动少数民族人口的社会保障权及其实现》(2011)；阿布都外力·依米提的《新疆少数民族流动人口在内地城市务工经商及其权益保护问题研究》(2011)，等等。

针对某一个或一个类型的民族的研究成果主要有：阿布都外力·依米提、胡宏伟的《维吾尔族流动人口特点、存在问题及对策——基于乌鲁木齐市和西安市的调查》(2010)；冯敏的《成都市藏族经商流动人口对多元文化城市的贡献——对"民族用品一条街"的调查与思考》(2005)，等等。

总之，国内研究少数民族人口流动问题主要以定性研究为主，定量研究还主要是描述性统计，研究内容非常广泛，涉及少数民族流动人口的职业、教育水平、经济收入、居住情况、社会保障、社会融入、心理状况、社会网络、社区管理、子女教育等。

**2. 国内对少数民族流动人口城市适应性的研究**

虽然少数民族流动人口在全国流动人口中所占比例依然很小，但是在城市适应方面的问题比“流动人口的城市适应”更艰难、更复杂，因此他们的城市适应问题更值得关注和研究。就目前来看，关于少数民族流动人口城市适应的研究主要集中在城市适应内容和适应影响因素等方面。从某种意义上，可以认为少数民族流动人口的城市适应过程就是其民族性（民族认同、民族心理、民族文化价值观）不断削减的过程，也是民族同化、民族地区的现代化和少数民族人员市民化的过程；自身素质是影响少数民族流动人口城市生存和适应的关键因素。关于少数民族流动人口城市适应困难的原因，有的学者认为表层原因包括媒体导向的片面化、语言的差异、城市居民与汉族流动人口的歧视与排斥，而深层原因有“城乡二元体制”下的制度排斥、少数民族流动人口自身人力资本的限制及民族文化的滞后效应等；有的学者认为，在社会排斥和社会内卷双重动力的推进下，少数民族流动人口以小群体的形式占领特定城市空间，与主流城市文化之间形成了各种空间障碍和心理障碍，阻碍了少数民族流动人口的城市融入。对少数民族流动人口城市适应研究相对比较深入的是张继焦的《城市适应：迁移者的就业与创业》（2004），他以城市的各种少数民族就业者与创业者为研究对象，根据少数民族进入城市就业或创业的不同阶段，将他们的城市适应策略划分为关系网络的建构，民族性特征的适应，文化差异性适应策略三类；他指出迁移者适应城市的过程要经过文化抗拒、文化模仿或学习、文化吸收或整合三个阶段；少数民族流动人口为适应城市而发生的转变主要包括工作职业化、技能专业化、经济独立化、学习主动化、交往多样化、自信心和时间观念增强、消费时尚化等多方面。

此外，对少数民族的城市适应以及社会融入进行专门研究的还有：李伟梁的《少数民族流动人口的城市生存与适应——以武汉市的调研为例》（2006）；高向东、余运江、黄祖宏的《少数民族流动人口城市适应研究——基于民族因素与制度因素比较》（2012）；李林凤的《从“候鸟”到“留鸟”——论城市少数民族流动人口的社会融合》（2011）；李吉和、范才成的《论少数民族流动人口与民族交融——基于中、东部地区穆斯林群体的研究》（2012）；王振卯的《少数民族流动人口社会融入影响因素研究——对江苏省的实证分析》（2009），等等。

总之，关于少数民族流动人口的城市适应的研究，从研究方法看多为定性研究；在研究思路上，多数研究都是从经济、社会和心理适应三个层次探讨城市适应；从内容来看主要集中在城市适应现状及适应影响因素分析上，并以此为基础提出相关对策与建议。

# 第3章 disanzhang

# 流动人口的相关调查和研究方法

人口研究离不开数据的支持，而调查正是获取数据的常用方法。随着流动人口规模的剧增，不仅在人口普查中设有关于人口流动的信息，有关流动人口的调查也日益增多。中国从1987年1%人口抽样调查开始收集流动人口资料，随后的各项人口调查也越来越重视流动人口资料的收集。而流动人口研究方法既有理论的方法也有实证的方法，本章将侧重对流动人口相关调查及实证研究方法的探讨。

## 3.1 流动人口的相关调查

### 3.1.1 历次普查及1%抽样调查中有关流动人口的调查

在1982年“三普”中，流动人口指户口登记状况为“常住本地一年以上，户口在外地”（本地指本县，外地指本县以外地区，1987 年抽样调查亦如此），以及“入住本地不满一年，离开户口登记地一年以上”两类人，流动人口规模为 657 万人。

在 1987 年 1% 抽样调查中，有关流动人口的调查项目包括在本地居住时间、最后一次从何地迁来（本地）、迁移原因，可用于分析 20 世纪 80 年代前半期中国人口迁移和流动的规模、流向和原因等。流动人口指户口登记状况为“户口在外地”的人，规模为 1810 万人。

在 1990 年“四普”中，调查流动人口的项目有 1985 年 7 月 1 日常住地状况、迁移原因两项，为研究 1985 ~ 1990 年间中国人口迁移的规模、方向、原因等提供信息。其中流动人口指户口登记状况“常住本县、市一年以上，户口在外县、市”及“入住本县、市不满一年，离开户口登记地一年以上”两类人，规模为 2135 万人。

1995 年 1% 抽样调查中，调查项目包括何时何地来调查点居住、迁出地以及 1990 年 10 月 1 日的常住地，为研究 1990 ~ 1995 年间中国人口迁移的规模、方向等提供了很好的数据。其中流动人口指户口登记状况“常住本乡、镇、街道半年以上户口在外乡、镇、和街道”和“在本乡镇街道居住不满半年、离开户口所在地半年以上”的两类人，规模为 7073 万人。

2000 年“五普”中调查项目“在户信息”中包括本户籍人口中外出人数、本户外来人口数两项，个人信息中包括出生地、迁移原因、何时及何地迁入到调查点以及五年前常住地几项，为我们综合分析中国人口迁移和流动情况，特别是 90 年代人口迁移和流动情况提供了很好的信息。其中流动人口指户口登记状况“在本乡镇街道居住半年以上，户口在外乡镇街道”以及“在本乡镇街道居住不满半年，离开户口登记地半年以上”两类人，并剔除其中的市内人户分离人口，规模为 10229 万人。

2005 年 1% 抽样调查中，有关流动人口的调查项目更是丰富，在2000年有关流动人口项目的基础上再增加离开户籍登记地的时间和一年前的常住地两项，可谓信息全面。其中流动人口是指“调查时点居住地”在本居住小区，但“户口登记地情况”为本乡镇街道以外的人口，同时剔除了市内人户分离人口，规模为14735万人。纵观历次调查，我们可以看到流动人口的巨大规模和快速增长。

2010年“六普”中，有关流动人口的调查项目包括，普查时点居住地和户口登记地，离开户口登记地时间和离开户口登记地原因等项目。大陆31个省、自治区、直辖市的人口中，居住地与户口登记地所在的乡镇街道不一致且离开户口登记地半年以上的人口为2.61亿人，其中市辖区内人户分离的人口为4000万人，不包括市辖区内人户分离的流动人口为2.21亿人。

### 3.1.2 其他流动人口的相关调查

其他流动人口的相关调查有以下内容：

（1）中国社会科学院1986年7月底在全国16个省（区、市）中选取74城镇进行人口迁移调查，调查的内容涉及迁移人口的性别、年龄、受教育水平、婚姻状况特征、人口迁移与生育、人口迁移与就业、人口迁移与城市化的关系。其主要目的是分析新中国成立初期至20世纪80年代中期中国城镇人口迁移状况研究。

（2）1988年7月，国家计划生育委员会组织进行了全国千分之二生育节育收养调查，在全国30个省、自治区、直辖市中选取13825个样本点，样本规模为215万多人，在国内较大规模的调查中第一次提供被调查者“出生地”信息。

（3）2007年7~8月国家人口和计划生育委员会（以下简称人口计生委）委托清华大学在42个国家扶贫开发工作重点县开展史无前例的贫困地区人口问题调查研究。其中有关流动人口的调查包括“人口流动中留守儿童问题”、“库区移民以及移民村、跨国人口流动问题”。

（4）2008年，汤夺先在兰州市城关区与七里河区对少数民族流动人口的流动类型、就业方式、居住情况以及滞留时间进行的调查。

（5）2008年，中共江苏省委统战部、省民族事务委员会、省社会科学院联合课题组对江苏省13个地级市的少数民族流动人员进行抽样调查，对全省少数民族流动人员的生存现状、基本需求、流动模式、对民族关系的影响等进行调研。

（6）2009年，马戎、马雪峰对中国的西部六个重要城市开展了流动人口的问卷调查。调查了西部六城市流动人口的基本特征、就业状况、收入与消费情况以及他们与当地居民之间的交往情况。

（7）2009年，国家人口计生委为探索建立流动人口动态监测体系，在北京、上海、深圳、太原、成都等五城市开展了流动人口动态监测试点工作。从2010年开始，国家人口计生委在全国范围内设立了106个监测点，普遍开展流动人口动态监测工作。此项工作旨在依托人口计生网络，深入了解流动人口生存、发展状况，及时反映流动人口结构、流动与迁移趋势、公共服务政策落实等情况，综合分析流动人口服务管理中存在的问题，研究提出相关政策建议，不断提升流动人口服务管理水平。2010年开始，国家计生委每年对监测点进行2次流动人口的监测与调查。并于2010年6月，首次发布《中国流动人口发展报告2010》。

## 3.2 流动人口的研究方法

### 3.2.1 人口迁移估计办法

在中国人口流动研究的相关文献中，主要应用于人口迁移估计的人口学特定方法是出生地法、生命表技术等。

**1. 出生地法**

出生地在调查中作为调查项目询问简单，只需要“你是在什么地方出生的”即可以得到全部信息，而且易于回答，相比其他方法，出生地最便于回答，而且得到的数据可靠性高。联合国在向各国推荐人口普查项目时，把“出生地”列入“首选项目”之一，据统计，在1960年前后举行的各国人口普查中有近100个国家调查了这一项目。

中国在1988年全国生育节育调查中第一次采用出生地作为调查项目。根据出生地资料和现住地资料可以判断被调查人是否是流动人口，可以较容易地获得地区之间人口流动数据。当然这种方法也有不足之处，例如，不能反映迁移发生时间，不能反映回迁信息，不能反映迁移的中间过程等，而且仅靠一次的调查资料不能反映一定时期的人口流动信息。其解决办法是在多次调查或普查连续收集，从而得到两次调查间的人口流动信息，并给出两次调查（或普查）间净人口迁移量的计算公式：

$$NM = (I_{t+n} - O_{t+n}) - (S_i \times I_t - S_o \times O_t),$$

其中 $I_t$ 和 $I_{t+n}$ 分别表示该地区在 $t$ 和 $t+n$ 时点上的终身迁移者人数；$O_t$ 和 $O_{t+n}$ 分别表示相应时点上的终身迁出者人数；$S_i$ 和 $S_o$ 分别表示 $I_t$ 和 $O_t$ 的普查间存活率，在不能得到一个地区迁移人口的年龄构成资料时，一般假定 $S_i$ 和 $S_o$ 相等，并假定它们都等于全国人口的普查存活比（即第二次人口普查时 $n$ 岁及以上的人口数与第一次人口普查时的总人口数之比 $P_{n+,t+}/P_{0+,t}$）或生命表存活比（即 $T_n/T_0$）。并且，当 $NM>0$ 时，表示该地区在两次调查间的人口迁移量为净迁入，反之为净迁出。此公式同时给出了人口迁移方向和规模的计量。

出生地法有自身的优势，一般认为通过这一方法获得的迁移信息比较全面。但是，它也有自身难以克服的缺点，首先，它不能反映迁移的时间；不能反映回迁者的迁移信息。其次，出生地法易受其他因素的影响，行政区划的改变如果不被回答者所熟悉，可能会产生漏报；有些人可能出于自身的虚荣等原因故意错报自己的出生地；而且由于调查时由家中一名成员来回答，可能该成员不熟悉每一位家庭成员的出生地。最后，在实际运用中，出生地法需要在多次调查中连续搜集出生地资料从而提高出生地资料的实用性，且常常需要将出生地法与其他方法，如居留时间法以及人口迁移的间接估计方法等结合使用，从而提高出生地资料的准确性。

**2. 生命表技术**

生命表技术作为人口学特定的方法，在人口研究研究和人口分析中具有极为广泛的用途，它可以用于死亡率、生育率、人口迁移、人口再生产、人口估计等方面的研究，也可以用于人口的社会经济特征的分析，例如，人口婚姻状况、劳动力状况等。而且生命表方法本身就是一种标准化方法，能排除年龄结构的影响，便于不同人口之间进行比较。在迁移研究中，低年龄与较高年龄的迁移都是不可忽视的，而且与其他年龄组相比，较低年龄和较高年龄组的死亡率是相对较高的，因而，死亡率对总迁移率的影响也是不可忽视的，威尔伯（Wilber）提出了一种将年龄别迁移率与单递减死亡生命表相结合，旨在排除死亡率影响，以便客观地反映迁移水平的方法，曾毅称之为“简单迁移生命表方法”。该表共有“年龄组”、“迁移率”、“存活函数”、“存活人数”、“期望迁移人数”、“累积迁移人数”、“平均每人 x 岁后期望迁移次数”七列。简单迁移生命表方法虽然简单明了，但是在一张表中，只能分析一个区域一个流向的迁移或一个区域不分流向的总迁移。正是因为这种不足的存在，很少被运用在有关研究中。生命表也可用于净迁移人口的估计。当得到两次人口普查的分性别年龄人口数和可以用于计算预期人口数的存活比资料时，可以利用存活比法来估算人口迁移量。生命表存活比法包括前推存活比法和倒推存活比法，公式分别为：

$$M_{x+n,f} = P_{x+n,1} - S \times P_{x,0}$$

$$M_{x,r} = P_{x+n,1}/S - P_{x,0}$$

其中，$S$ 为存活比，利用生命表存活比计算，则

$$S_x = L_{x+n}/L_x$$

或者

$$S_x = {}_5L_{x+n}/{}_5L_x$$

$M_{x+n,f}$，$M_{x,r}$ 分别表示前推法和后推法得到的队列人口在两次人口普查间的人口迁移量，$P_{x+n,1}$ 和 $P_{x,0}$ 分别表示第二次人口普查时 $x+n$ 岁和第一次人口普查时 $x$ 岁的人口数。

生命表技术固然拥有自己的优势，但是也存在一定的不足。首先，生命表的选择就是非常重要而又比较难选择的一个环节，我们所选择的生命表应该能够代表两次人口普查间被研究人口的平均死亡水平，而且该生命表应能适用于所研究的人口；在不能得到一个合适的实际人口生命表时，可选择一个相应的规模生命表；也可以将两次普查分别对应的生命表中的存活比加以平均，以便更好地代表两次普查之间死亡水平的存活比。其次，由于资料的准确性等原因，利用该方法计算的人口迁移量可能会受到影响，例如，分年龄的人口资料不准确，从而影响人口迁移量估计的准确性，生命表存活比与实际人口分年龄资料的不符也可能导致人口迁移量

估计的不可靠。

### 3.2.2 指数、指标体系

人口流动的测量方法很多，从最简单的一般迁移到复杂的各种迁移指标，在人口迁移中都得到了很好的应用。在获得普查等有关迁移数据时我们可以利用人口迁移矩阵计算一个地区的迁入率、迁出率、总和迁移率、净迁移率等。但是，一般迁移率没有考虑到迁移者自身的特征，在一个总的人口中，即使每个人都同样地面临迁移风险，但是人们做出的反应是不同的，有的人容易迁移，有的则很难迁移，即迁移者与非迁移者之间存在特征上的差异。考虑到年龄对迁移的影响时，有学者对年龄的迁移率进行分析，得出分年龄迁移率，也有学者将地区差异等因素纳入迁移公式中，来分析人口迁移的省际迁移。不同的迁移者有着不同的特征，不同地区对流入者有着不同的吸引方式，这都加快了人口迁移指数及指标体系的丰富与发展。

综合来说，人口迁移流动的指数主要分为以下三类：一是基本指标，例如，迁入率、迁出率、净迁入率、净迁出率等，这类指标简单易算，所需资料少。二是考虑到迁移者与非迁移者以及迁移者与迁移者之间的个人差异，并将这些差异纳入计算指标，主要有人口迁移选择性系数、考虑年龄影响的年龄别迁移率、分析不同年龄迁移者在迁入地选择上的差异的差异指数等。三是考虑整体性差异的指数，例如王桂新建立的用于分析人口流动省际差异的综合迁入指数和综合迁出指数。

人口流动的测量有多种方法，但在很大程度上依赖于我们掌握的有关资料。其中最简单的方法莫过于直接根据迁移量来分析人口迁移变化。在获得普查等有关迁移数据时我们可以利用人口迁移矩阵计算迁移率。如果考虑年龄因素，可以参照寿命表对年龄别迁移率、总和迁移做分析。

人口迁移行为与迁移者自身特征是紧密相关的，迁移者与非迁移者在很多方面表现出不同的特征，人口迁移的这一特点被称为“差别人口迁移”，或者说“人口迁移的选择性”。许多时候是通过迁移者与非迁移者的特征差异进行对比来研究这种差别人口迁移。但是为了更好地反映人口迁移在迁移者某一特征方面的特点上体现出的选择性，可以计算“人口迁移选择性系数”。在人口普查中，只要能得到按各种社会经济特征划分的人口数（$M_i$）和迁移人口数（$N_i$），则人口迁移选择性指数（$IMS$）的计算公式：

$$IMS_i = \left(\frac{M_i}{M} - \frac{N_i}{N}\right) \div \left(\frac{N_i}{N}\right)$$

或

$$IMS_i = \left(\frac{M_i}{N_i} - \frac{M}{N}\right) \div \left(\frac{M}{N}\right)$$

其中 $M$、$N$ 分别为迁移者人数和非迁移者人数，$M_i$，$N_i$ 分别表示具有某种特征的迁移者和非迁移者的人数。当然，也可以将迁移者人数与总人口数进行比较。人口迁移选择性指数是在迁移者和非迁移者某种特征不同的基础上进行比较，体现的是迁移者社会经济特征对其迁移行为的影响。

以色列学者罗伯托·巴齐提出人口选择迁移指数，其计算公式为：

$$l_{ij} = \frac{M_{ij}}{(P_i/P_t) \times [P_i/(P_t - P_i)] \times \sum_{ij} M_{ij}} \times K$$

其中 $l_{ij}$ 为地区 $i$ 的居民对选择迁向地区 $j$ 的选择指数，$M_{ij}$ 为地区 $i$ 选择迁向地区 $j$ 的人口，$P_i$ 为地区 $i$ 的人口，$P_t$ 为全国总人口，$K$ 为一常数（通常以 1 或 100 表示，原文以 100 表示）。如果 $l_{ij}$ 大于 100，说明地区 $i$ 居民选择迁向地区 $j$ 的迁移选择强度超过全国平均水平；$l_{ij}$ 越大，表示地区 $i$ 居民选择迁向地区 $j$ 的迁移选择强度越大。

综上，各种指数、指标考虑了迁移者与非迁移者的差异特征、考虑了迁入地与迁出地的不同社会经济特征等，然后以简单的形式将影响迁移的因素表现出来。在中国由于户籍制度的影响，我们对迁移和流动加以区分，其中伴有户籍变动的称为人口迁移，而不伴随户籍变动的称为人口流动。可以说流动人口是中国户籍制度下的特有称谓，这是我们与国外不同之处。同时，在户籍制度下区分的迁移和流动还是有所不同的。

除了应用和发展国外的迁移指标之外，我们还应当根据中国的实际情况构建具有中国特色的有关流动人口的各种指标。

### 3.2.3 模型法

与生育、死亡等相比较，人口迁移现象更为复杂，涉及的因素更多，包括迁出地的影响、迁入地的影响、迁移者个人的影响，同时还包括中间过程的影响。人口模型是对人口现象及其过程中各个要素之间相互联系和制约进行概括、抽象及提炼后的一种文字或数量关系描述。学者们结合各种影响人口迁移的因素对人口迁移进行研究，综合系统地考察各种影响因素，提炼出人口迁移的各种模型。

西方人口迁移流动发生较早，而中国由于社会经济政治等因素，人口大规模迁移流动是从 20 世纪 80 年代开始起步，因而，相关的研究就要较西方晚一些。西方在较早时期就开始出现人口迁移流动的模型，而我国则主要是在西方各种模型的基础上结合中国实际来分析人口迁移流动，或建立符合我国实际情况的模型来分析。

具体来说，有关人口迁移流动的人口学模型主要有三类：一是早期西方的较简单的模型，主要包括热普夫的“互动假说模型”、索马梅杰和劳瑞德的“引力模型”、刘易斯关于人口迁移的“二元结构发展模型”、托达罗的“人口流动模型”以及罗杰建立的“年龄别迁移模型”；二是中国学者在西方的模型基础上结合中国实际建立的模型，主要包括张涛、张志良等在引力模型基础上、结合中国贫困地区开发型移民实际建立的“移民规模引力模型”和“移民外部机制推拉力模型”，李强根据中国特有的户籍制度发现在中国的“年龄别迁移模型”；三是新的模型理论的建立及在中国的使用，主要包括马尔可夫链的运用，以及邓聚龙提出的灰色预测理论模型在流动人口规模预测中的运用等。

随着相关调查的增多、计算机技术的进步和软件的开发，各种统计分析方法在人口流动研究中的应用不断增多，相关分析、回归分析等方法广泛应用，除了人口模型的应用外，很多多元统计模型也被广泛应用，Logistic 回归模型，二元和多分类 Logistic 模型，嵌套 Logistic 模型、多层线性回归模型、对数回归模型、双对数线性回归模型等被广泛应用于流动人口的特征分析、原因分析中。

## 3.3 本书的调查和研究方法

本书试图将理论探讨与实证研究相结合，对中国的城市少数民族流动人口的生活适应性问题进行深入的探讨。

笔者采用《中国 2010 年人口普查资料》数据，查阅大量流动人口和城市少数民族流动人口的文献资料，并利用自制的“北京市少数民族流动人口生活适应性研究调查问卷”(见附录 1) 在北京的部分少数民族聚居地区进行实地调查并结合访谈的方式获得第一手的调查资料，在此基础上，笔者对中国城市少数民族流动人口的各方面情况做了深入探讨和总结。

依据《中国 2010 年人口普查资料》，首先，笔者对中国省际人口流动的差异性和影响因素进行相关分析，然后又利用少数民族聚居的民族八省区的流动人口数据，计算和整理了民族八省区的流动人口、省内流动人口、外省流入人口、本省流出人口的数量、流动人口的流入率、流出率，以及净迁移率等指标，并对民族八省区外省流入人口和流出省外的人口进行对比，研究了其来源地和流入地特征，此外还分别对民族八省区流动人口的城乡流入结构、受教育程度、迁移原因、就业情况等分别采用表格、图形等作了描述性的统计分析。

为研究城市少数民族的流动特征、动因及影响，并具体把握城市少数民族经济、社会和心理等方面的特征，除借助相关文献资料之外，笔者带领 4 名研究生和本科生于 2012 年 5 ~8 月在北京市的海淀区、西城区和朝阳区对部分在京少数民族流动人口进行了调查和访谈，共发放问卷 100 份，回收有效问卷 95 份。由于问卷数量有限，结合笔者对“六普”数据以及相关文献的分析与研究，这些实地调查资料还是具有一定代表性的，因此，在本书的部分章节中对调查结果进行了分析和总结。

# 第4章 disizhang

# 中国省际人口流动的差异性及影响因素

本章依据2010年全国第六次人口普查数据，首先采用描述性统计方法分析了中国省际（包括除中国香港、澳门、台湾以外的中国大陆的31个省级行政区，以下简称“省”或“省区”）人口流动的差异性，进而采用相关分析方法分析了中国省际人口流动的影响因素，最后利用影响因素对中国省际人口流动的差异性进行了解释。

本章所指的流动人口是指依据第六次人口普查离开户口所在地半年及以上的流动人口。从流动的范围分可分为三种：第一种，对一个省区来讲，有的人口不离开省区但在省区内离开了户口所在地，这种流动人口我们称为省内流动人口；第二种，有的人口从本省流动到了外省，我们称为某省流出人口；第三种，还有的人口从外省流入本省区，称为外省流入人口；省内流动人口和外省流入人口都在省区内活动，这两类人口的总和称为某省流动人口。本章所要研究的省际流动人口，是指某省流出人口和外省流入人口。下一章，将主要研究某省流动人口，即省内流动人口和外省流入人口。研究中，涉及以下计算公式：

某省区流动人口 = 省区内流动人口 + 外省流入人口

某省人口流入率 = 某省流入人口/某省总人口
某省人口流出率 = 某省流出人口/某省总人口
某省净流入人口 = -某省净流出人口
= 外省流入人口 - 某省流出人口
某省人口净流入率 = 某省区人口迁移率
= -某省区人口逆向迁移率
= 某省净流入人口/某省总人口

## 4.1 中国省际人口流动的差异性

本节主要对中国各省的流入和流入人口、流入率和流出率进行比较，之后对中国各省人口的净流入以及净流入率进行比较。

### 4.1.1 中国各省人口流入和流出的差异性

**1. 各省流入人口和流入率的差异性**

如图 4-1 所示，在 31 个省区中，位列流入人口绝对量前 5 名的依次是东部沿海的广东（2150 万人）、浙江（1182 万人）、上海（898 万人）、江苏（738 万人）和北京（704 万人），5 个省区流入人口均超过 700 万人；其次是东部沿海的福建（431 万人）、天津（299 万人）、山东（212 万人）、辽宁（179 万人）以及西部的新疆（179 万人）和内蒙古（144 万人），流入人口均超过 100 万人；流入人口较少的 5 个省区分别是东北的吉林以及西部的甘肃、宁夏、青海和西藏，流入人口均低于 50 万人。

从各省人口流入率比较来看，列前 5 位的是东部沿海的上海（39.00%）、北京（35.92%）、天津（23.12%）、浙

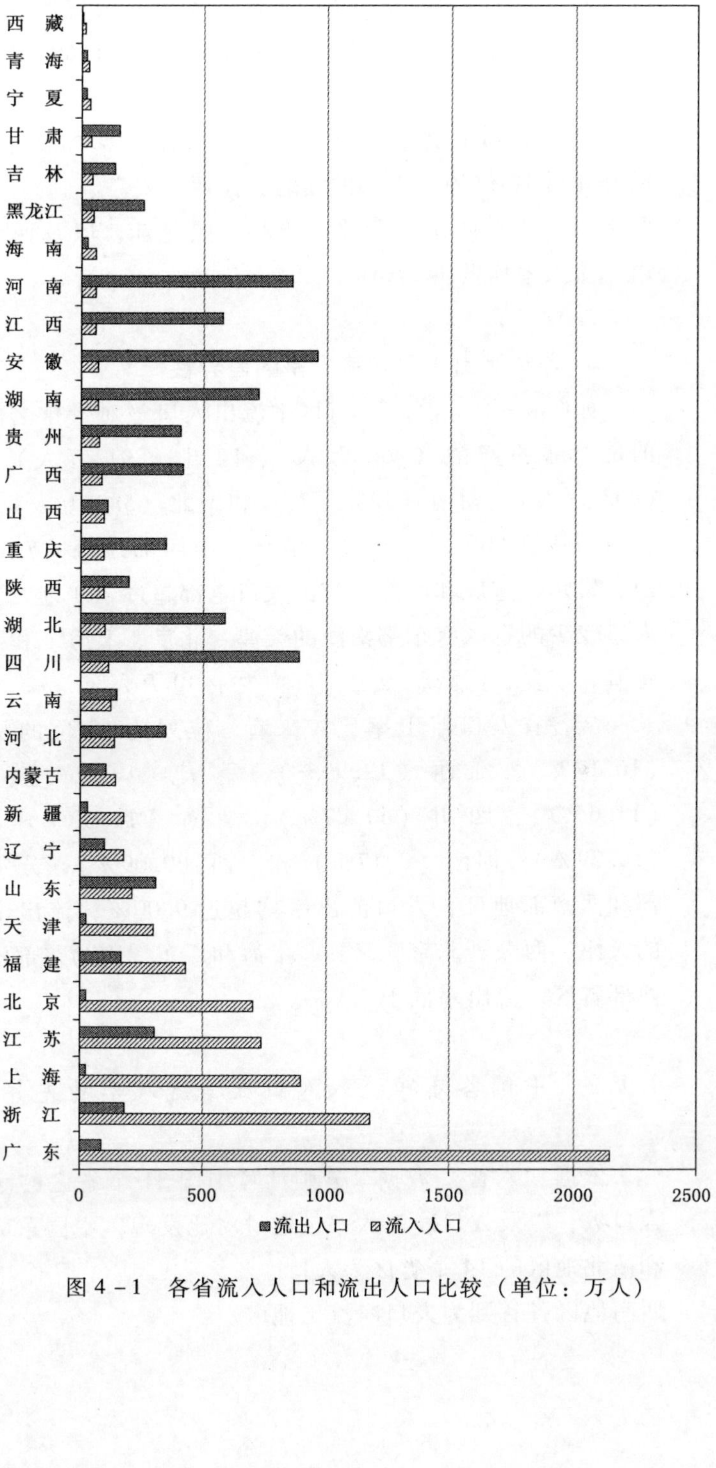


图4-1 各省流入人口和流出人口比较（单位：万人）

江（21.72%）和广东（20.61%），5个省区遥遥领先，人口流入率均超过20%，紧随其后的福建（11.69%）、江苏（9.38%）、新疆（8.21%）、海南（6.79%）、内蒙古（5.85%）、和宁夏（5.85%）的人口流入率却低于12%。而排在后10位的有中部的湖北、江西、安徽、湖南和河南，西南的广西、四川，东北的吉林、黑龙江，以及西北的甘肃，流入率均低于2.0%。

**2. 各省流出人口和流出率的差异性**

如图4-1所示，31省区中流出人口绝对量排名前5位的是中部的安徽（962万人）、四川（891万人）、河南（863万人）、湖南（723万人）和湖北（589万人），流出人口均超过500万人；随后是来自中西部地区的江西、广西、贵州、重庆和河北，流出人口也都超过300万人；流出人口较少的省区有东部沿海的天津、北京、上海、和西部的青海、宁夏、西藏，流出人口均少于30万人。

从各省人口流出率比较来看，位列前10位的是安徽（16.17%）、江西（12.99%）、重庆（12.16%）、贵州（11.65%）、四川（11.07%）、湖南（11.00%）、湖北（10.29%）、河南（9.17%）和广西（9.09%），分别为中部和西南部地区，人口流出率均超过9.00%；流出率较低的天津、西藏、北京、新疆、上海和广东，则为东部沿海和西部省区，流出率低于2.2%。

### 4.1.2 中国各省净流入人口及净流入率的差异性

依据"六普"数据，分别计算中国31个省区的净流入人口数，以及人口净流入率，通过对比发现，中国东部沿海和西北地区的14个省区为人口净流入省，其余17个中部和西南地区各省则为人口净流出地区。

**1. 东部沿海和西北地区为人口净流入地区**

如图4－2所示，位于东部沿海的广东、浙江、上海、北京、江苏、福建、天津、辽宁、海南以及位于西部的新疆、内蒙古、宁夏、青海、西藏流入人口超过流出人口，为人口净流入省，其中流入人口最多的是广东，净流入人口2061万人，其次是浙江（997万人）、上海（873万人）、北京（677万人）和江苏（432万人）；西部地区净流入人口最多的是新疆（149万人），其次是内蒙古（38万人）和宁夏（14万人），但净流入人口远远低于东部沿海地区。从人口净流入率上来看，人口净流入率最高的是上海（37.91%），其次是北京（34.52%）、天津（21.01%），均高于20%；而西部地区净流入率最高的是新疆（6.85%），其次是西藏（3.67%），远低于东部沿海地区的比例。

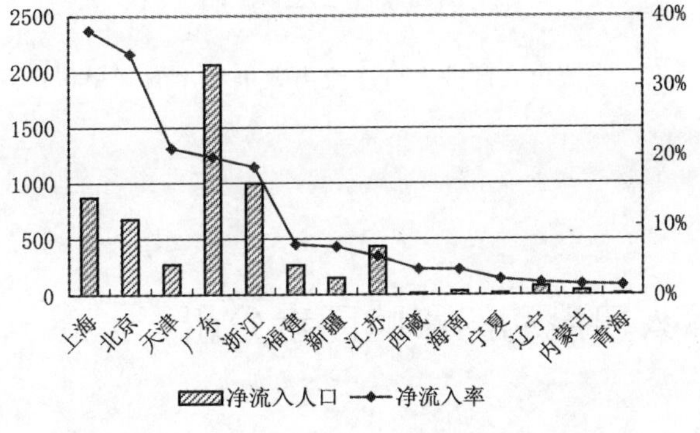


图4－2 人口净流入省区及净流入数量和比例（单位：万人，%）

**2. 中部地区和西南地区为人口净流出地区**

统计发现，中部地区和西南地区的人口净流入为负数，也即人口净流出，相应的流入率的绝对值也就是流出率。如图4－3所示，人口净流出最多的是中部的安徽，流出人口891万人，其次是河南（803万人）、湖南（650万人）、江西（519万人），湖南（650万人）、江西（519万人）和湖北（488 万人）；西南地区人口流出最多的是四川（778 万人），其次是广西（334 万人）和贵州（329 万人）。从人口净流出率上来看，安徽最高，为 14.97%，其次是江西（11.64%）和湖南（9.90%），再次是西南地区的四川（9.67%）和贵州（9.45%）。净流出率较低的有山西（0.42%）、云南（0.53%）和山东（1.02%）。

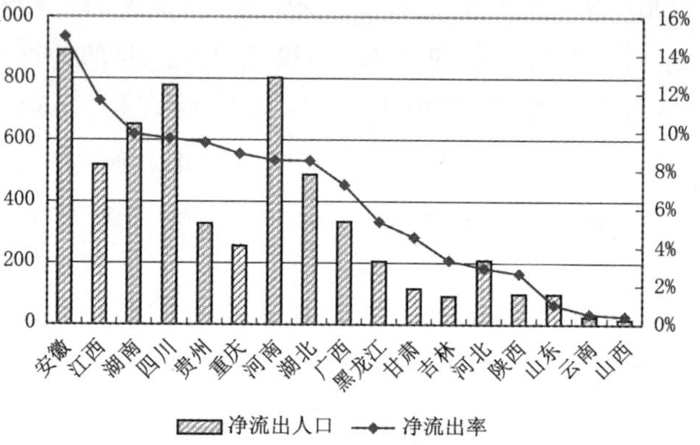


图 4－3　人口净流出省区的人口净流出数量和比例（单位：万人，%）

## 4.2 中国省际人口流动的影响因素分析

通过参考文献资料以及多年经验，为分析中国省际人口流动的影响因素，首先选取了各省区的人口流入率和流出率指标代表其人口的流入流出活跃程度，然后选取反映地区经济社会发展水平的 9 个指标，分别是：（1）反映经济增长的人均国民生产总值；（2）反映经济结构的第三产业比重；（3）反映地区城镇居民收入水平的城镇居民可支配收入；（4）反映地区农村居民收入水平的农村居民家庭纯收入；（5）反映地区投资水平的人均固定资产投资；（6）反映地区消费水平的居民消费水平；（7）反映教育程度的15岁及15岁以上人口文盲率；（8）反映就业水平的城镇登记失业率；（9）反映地区人口密集程度的人口密度指标。之后，分别研究中国各省人口流入率和流出率与该地区的以上9个指标之间的相关关系，从而分别找到各省人口流入和流出的影响因素。

### 4.2.1 中国省际流入人口的影响因素分析

使用SPSS17.0分析软件，分析31个省区人口流入率与以上9个指标的相关关系得到表4－1。由表4－1可以看出各因素与流入率的相关性。其中居民消费水平和城镇居民可支配收入与流入率显著正相关，相关系数达到了0.931和0.911，说明人口流动的目的主要就是为了获得更好的生活水平，一个地区的居民生活水平高，人们就愿意流入该地区。农村居民家庭纯收入（$r=0.890$）、人均国民生产总值（$r=0.869$）、第三产业比重（$r=0.777$）和人口密度（$r=0.764$）等四个指标也与流入率成显著正相关关系，进一步说明了人民生活水平与人口流动关系紧密；地区的经济发展水平越高，经济结构越合理，人口稠密程度越高，就越会吸引人口流入。而人均固定资产虽然与人口流入率正相关，但并不显著。文盲率和失业率与流入率负相关，但文盲率与流入率的相关关系不显著，而失业率与流入率有显著的负相关关系，说明一个地区城镇的失业率越高，即经济下滑速度越快，这个地区的人口流入率就越低。

**表4－1　　人口流入率与各因素相关性分析结果**

| 序 | 变　量 | 流入率 |
|---|---|---|
| 1 | 人均国民生产总值 | .869** |
| 2 | 第三产业比重 | .777** |
| 3 | 城镇居民可支配收入 | .911** |

续表

| 序 | 变量 | 流入率 |
|---|---|---|
| 4 | 农村居民家庭纯收入 | .890** |
| 5 | 居民消费水平 | .931** |
| 6 | 人均固定资产投资 | 0.341 |
| 7 | 城镇登记失业率 | -.429* |
| 8 | 15岁及以上人口文盲率 | -0.188 |
| 9 | 人口密度 | .764** |

注：** 在0.01水平（双侧）上显著相关，* 在0.05水平（双侧）上显著相关。

### 4.2.2 中国省际流出人口的影响因素分析

同样方法可以得到31个省区人口流出率与以上9个指标的相关关系，如表4-2所示，可以看出各因素与流出率的相关性。除了城镇登记失业率（$r=0.265$）和文盲率（$r=0.038$）与流出率正相关外，其他指标均与流出率负相关，但城镇登记失业率和文盲率与流出率的相关关系并不显著。地区人均生产总值与流出率且显著负相关，$r=-0.522$，说明地区人均生产总值越低，这个地区的经济发展水平就越差，人口流出率就越高，反之，则相反。此外，第三产业比重（$r=-0.431$）、居民消费水平（$r=-0.431$）和城镇居民可支配收入（$r=-0.427$）都与流出率有负相关关系，说明地区的商业服务业的比重越低，居民消费水平和城镇居民可支配收入越低，相应人口流出率就越高。人均固定资产投资（$r=-0.311$）和人口密度（$r=-0.252$）虽与流出率也负相关，但是并不显著。

**表4-2　　人口流出率与各因素相关性分析结果**

| 序 | 变量 | 流出率 |
|---|---|---|
| 1 | 人均国民生产总值 | -.522** |
| 2 | 第三产业比重 | -.431* |

续表

| 序 | 变量 | 流出率 |
|---|---|---|
| 3 | 城镇居民可支配收入 | -.427* |
| 4 | 农村居民家庭纯收入 | -.398* |
| 5 | 居民消费水平 | -.431* |
| 6 | 人均固定资产投资 | -.311 |
| 7 | 城镇登记失业率 | .265 |
| 8 | 15岁及以上人口文盲率 | .038 |
| 9 | 人口密度 | -.252 |

注：** 在0.01水平（双侧）上显著相关，* 在0.05水平（双侧）上显著相关。

### 4.2.3 结论

以上分析表明，影响某地区人口流入的主要因素是居民消费水平和城镇居民可支配收入，也就是该地区的居民收入和消费水平；而影响某地区人口流出的最主要因素是人均国民生产总值，是该地区的整体经济发展水平。东部沿海发达地区的人均居民收入和消费水平均很高，经济发达，经济结构相对合理，因此吸引了大量来自全国各地的人口的流入；而中部、西南和东北地区因其经济发展相对东部沿海地区落后，因此人口大量地流出了；广大的西部地区，比如新疆和内蒙古，虽然经济发展不如东部地区，但是在西部大开发政策的扶持下有很好的预期，因此是人口净流入地区，但因其经济发展水平相对落后，所以人口流入率并不高。

当然，影响人口流动的因素除社会经济因素以外还有很多，比如自然的、地理的、观念的、心理的以及政策方面的因素，等等，所有这些都有待进一步研究和探讨。

# 第5章 diwuzhang

# 民族八省区流动人口统计分析

在中国广大的西部地区，聚居着大量的少数民族，他们主要分布在内蒙古自治区、宁夏回族自治区、新疆维吾尔自治区、西藏自治区和广西壮族自治区五大少数民族自治区和贵州、云南和青海三个多民族省（以下简称民族八省区）。由于各种原因，民族八省区的经济和社会发展始终落后于东部和中部省区，而且中国大部分的贫困人口也居住在这里。改革开放以来，随着中国经济的快速发展，大规模的城乡人口流动成为一个突出的社会现象，依据2010年第六次全国人口普查（以下简称“六普”）数据，民族八省区的人口占全国人口的14%，其省区内流动人口和外省流入人口占全国流动人口的12%，从民族八省区流出的流动人口占民族八省区总人口的6%，并且主要流向经济发达的外省的城市地区。

在民族地区大规模的人口流动中，超过60%的省区内流动人口流向民族地区的城市，此外，外省流入八省区的人口中也大多流向民族地区的城市。因此，对“六普”数据中的民族八省区的人口流动情况进行一下梳理是十分必要的。

需要特别说明的是本章中所有图表中的数据均来源于《中国2010年人口普查资料》或笔者依据其推算所得，除本章第六节中的数据来源于普查中的10%长表抽样数据外，其余均来源于普查中的短表数据。本章所用公式见本书第四章。

## 5.1 民族八省区流动人口的流量、流向与停留时间

### 5.1.1 民族八省区的流动人口总量

**1. 民族八省区流动人口总量**

从表5-1可以看到，民族八省区的流动人口总数是3136万人，占八省区总人口的16.66%，低于全国19.58%的平均水平。具体来看，八省区中流动人口占比最多的是内蒙古，高达29.02%，其次是宁夏和青海和新疆，分别是24.35%、20.28%和19.60%，流动人口占比最低的则是西藏，只有8.73%。

**表5-1　　民族八省区的流动人口和总人口**　　单位：万人，%

| 现住地 | 总人口 | 流动人口 | 流动人口/总人口 |
|---|---|---|---|
| 全　国 | 133281.09 | 26093.79 | 19.58 |
| 八省区 | 18819.14 | 3136.04 | 16.66 |
| 内蒙古 | 2470.63 | 717.09 | 29.02 |
| 广　西 | 4602.38 | 629.18 | 13.67 |
| 贵　州 | 3474.86 | 462.95 | 13.32 |
| 云　南 | 4596.68 | 605.38 | 13.17 |

续表

| 现住地 | 总人口 | 流动人口 | 流动人口/总人口 |
| --- | --- | --- | --- |
| 西　藏 | 300.22 | 26.20 | 8.73 |
| 青　海 | 562.67 | 114.10 | 20.28 |
| 宁　夏 | 630.14 | 153.45 | 24.35 |
| 新　疆 | 2181.58 | 427.70 | 19.60 |

**2. 民族八省区流动人口中省内流动人口和外省流入人口情况**

民族八省区的流动人口又包括省内流动人口和外省流人口两部分，民族八省区3136万流动人口中有77.9%（2443万人）来自省区内流动人口，高于全国67.09%的平均水平，而外省流入人口仅占22.10%（693万人），低于全国32.91%的水平（见图5－1）。

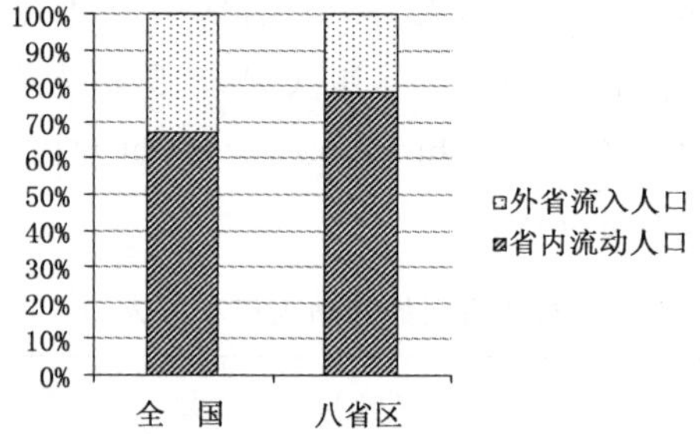


图5－1　全国和民族八省区省内流动人口和外省流入人口比较（单位:%）

具体来看，民族八省区中除西藏以外其他省区省内流动人口均多于外省流入人口。如表5－2所示，广西、贵州省内流动人口的比例较高，分别为86.62%和83.51%，西藏和新疆区内流动人口的比例较低，分别为36.86%和58.11%。省内流动人口数量最多的是内蒙古（573万人），其次是广西（545 万人）、云南（482 万人）、贵州（387 万人），西藏最少，仅为 9.6 万人。外省流入人口中，新疆的外省流入人口最多，为 179 万人，其次是内蒙古（144 万人）和云南（124 万人）。外省流入人口中占比最高的则是西藏，达到 63.14%，其次是新疆（41.89%）和青海（27.91%）。

**表 5－2　民族八省区省内流动人口和外省流入人口比较**　单位：万人，%

| 现住地 | 流动人口总数 | 省内流动人口 | | 外省流入人口 | |
|---|---|---|---|---|---|
| | | 数量 | 比例 | 数量 | 比例 |
| 全　国 | 26093.79 | 17506.16 | 67.09 | 8587.63 | 32.91 |
| 八省区 | 3136.04 | 2443.07 | 77.90 | 692.98 | 22.10 |
| 内蒙古 | 717.09 | 572.67 | 79.86 | 144.42 | 20.14 |
| 广　西 | 629.18 | 545.00 | 86.62 | 84.18 | 13.38 |
| 贵　州 | 462.95 | 386.62 | 83.51 | 76.33 | 16.49 |
| 云　南 | 605.38 | 481.73 | 79.57 | 123.65 | 20.43 |
| 西　藏 | 26.20 | 9.66 | 36.86 | 16.54 | 63.14 |
| 青　海 | 114.10 | 82.25 | 72.09 | 31.84 | 27.91 |
| 宁　夏 | 153.45 | 116.60 | 75.99 | 36.85 | 24.01 |
| 新　疆 | 427.70 | 248.53 | 58.11 | 179.16 | 41.89 |

## 5.1.2　民族八省区是流动人口输出地区

### 1. 民族八省区外省流入人口情况

民族八省区外省流入总人口为 692.98 万人，占八省区总人口的 3.68%，八省区中外省流入人口的流入率最高的是新疆（8.21%），其次是宁夏、内蒙古、青海和西藏，人口流入率分别为 5.85%、5.85%、和 5.51%（见表 5－3）。

**2. 民族八省区流入外省人口情况**

如表5-3所示，民族八省区流入外省的总人口为1160万人，占民族八省区总人口的6.17%，其中广西、贵州的流出人口数分列前两名，分别为84万人和76万人，占民族八省区全部流出人口的70.95%，是民族八省区人口输出的两大省区。而从民族八省区流入外省的人口流出率来看，贵州最高，为11.65%，其次是广西（9.09%）、内蒙古（4.32%）和青海（4.30%），流出率最低的是新疆（1.36%），其次是西藏（1.84%）。

**3. 民族八省区人口的迁移率**

如表5-3所示，从人口迁移来看，民族八省区人口流出量多于外省流入总量，民族八省区净流出人口为467万人，占民族八省区总人口的2.48%。但是民族八省区流出人口却主要由贵州和广西贡献，贵州省逆向迁移率最高，为9.45%，其次为广西（7.26%）；迁移率最高的则是新疆（6.85%），其次是西藏（3.67%）和宁夏（2.26%），而内蒙古、和云南的流入和流出基本持平。也就是说民族八省区中只有广西、贵州、云南为人口净输出，而其他五省区，新疆、西藏、宁夏、内蒙古和青海则是人口净流入地区。

表5-3　民族八省区外省流入和本省流出人口情况　单位：万人，%

| 现住地 | 总人口 | 流入人口 | 流入率 | 流出人口 | 流出率 | 净流入人口 | 迁移率 |
|---|---|---|---|---|---|---|---|
| 全　国 | 133281.07 | 8587.63 | 6.44 | 8587.63 | 6.44 | 0 | 0 |
| 八省区 | 18819.14 | 692.98 | 3.68 | 1160.35 | 6.17 | -467.37 | -2.48 |
| 内蒙古 | 2470.63 | 144.42 | 5.85 | 106.76 | 4.32 | 37.66 | 1.52 |
| 广　西 | 4602.38 | 84.18 | 1.83 | 418.46 | 9.09 | -334.28 | -7.26 |
| 贵　州 | 3474.86 | 76.33 | 2.20 | 404.86 | 11.65 | -328.53 | -9.45 |
| 云　南 | 4596.68 | 123.65 | 2.69 | 148.24 | 3.23 | -24.59 | -0.53 |

续表

| 现住地 | 总人口 | 流入人口 | 流入率 | 流出人口 | 流出率 | 净流入人口 | 迁移率 |
|---|---|---|---|---|---|---|---|
| 西　藏 | 300.22 | 16.54 | 5.51 | 5.52 | 1.84 | 11.02 | 3.67 |
| 青　海 | 562.67 | 31.84 | 5.66 | 24.21 | 4.30 | 7.63 | 1.36 |
| 宁　夏 | 630.14 | 36.85 | 5.85 | 22.58 | 3.58 | 14.27 | 2.26 |
| 新　疆 | 2181.58 | 179.16 | 8.21 | 29.73 | 1.36 | 149.44 | 6.85 |

### 5.1.3 民族八省区外省流入人口的来源地选择：就近原则

民族八省区外省流入人口主要来源于与该省区相邻的中部省区，从表5-4中我们可以看到，流入内蒙古的主要是河北、山西、黑龙江、陕西、甘肃人；流入广西的主要是湖南、广东、四川、贵州和湖北人；流入贵州、云南、西藏的主要是四川人和重庆人；而流入宁夏的主要是甘肃陕西和河南人；流入新疆的则主要是河南、四川和甘肃人。其中四川、重庆、甘肃、河南、河北、湖南等省市无一不是与民族八省区邻近的中部地区。

**表5-4　民族八省区外省流入人口的主要来源地**　单位：万人，%

| 现住地 | 外省流入人口 | 第一来源地比例 | | 第二来源地比例 | | 第三来源地比例 | |
|---|---|---|---|---|---|---|---|
| | | 省份 | 比例 | 省份 | 比例 | 省份 | 比例 |
| 内蒙古 | 144.42 | 河　北 | 12.74 | 山　西 | 10.85 | 黑龙江 | 9.90 |
| 广　西 | 84.18 | 湖　南 | 24.24 | 广　东 | 14.78 | 四　川 | 6.66 |
| 贵　州 | 76.33 | 四　川 | 27.41 | 湖　南 | 15.00 | 重　庆 | 14.32 |
| 云　南 | 123.65 | 四　川 | 27.93 | 贵　州 | 15.16 | 重　庆 | 12.36 |
| 西　藏 | 16.54 | 四　川 | 50.72 | 甘　肃 | 11.89 | 重　庆 | 6.94 |
| 青　海 | 31.84 | 甘　肃 | 22.95 | 四　川 | 13.97 | 河　南 | 13.95 |
| 宁　夏 | 36.85 | 甘　肃 | 28.53 | 陕　西 | 15.05 | 河　南 | 13.39 |
| 新　疆 | 179.16 | 河　南 | 21.58 | 四　川 | 19.59 | 甘　肃 | 19.23 |

### 5.1.4 民族八省区流出人口的流入地选择：经济发达和就近原则

民族八省区中的广西、贵州、云南的流出人口主要流入地首选相邻的经济发达省区，其次选择交通距离不太远的沿海发达省区，第三选择临近的经济发展水平一般的省区。如表5－5所示，广西流出的人口主要流入邻近的广东和沿海的浙江、福建；贵州和云南的流出人口主要流入浙江、广东和福建。

西藏、青海、宁夏、新疆的流出人口主要流入邻近的内陆中部省区和邻近省区。如表5－5所示，西藏流出人口主要选择四川和陕西，新疆的流出人口主要选择河南、四川和甘肃；青海的流出人口主要选择邻近的甘肃、四川和河南，类似地，宁夏的流出人口主要选择甘肃、陕西和河南。

**表5－5　民族八省区流出人口流入外省的主要流入地**　单位：万人，%

| 现住地 | 流出人口 | 第一来源地比例 | | 第二来源地比例 | | 第三来源地比例 | |
|---|---|---|---|---|---|---|---|
| | | 省份 | 比例 | 省份 | 比例 | 省份 | 比例 |
| 内蒙古 | 106.76 | 北京 | 22.11 | 辽宁 | 16.86 | 河北 | 9.61 |
| 广西 | 418.46 | 广东 | 84.96 | 浙江 | 3.32 | 福建 | 1.67 |
| 贵州 | 404.86 | 浙江 | 37.03 | 广东 | 23.66 | 福建 | 11.66 |
| 云南 | 148.24 | 浙江 | 27.73 | 广东 | 21.74 | 福建 | 6.63 |
| 西藏 | 5.52 | 四川 | 35.11 | 陕西 | 11.19 | 青海 | 8.79 |
| 青海 | 24.21 | 甘肃 | 22.95 | 四川 | 13.97 | 河南 | 13.95 |
| 宁夏 | 22.58 | 甘肃 | 28.53 | 陕西 | 15.05 | 河南 | 13.39 |
| 新疆 | 29.73 | 河南 | 21.58 | 四川 | 19.59 | 甘肃 | 19.23 |

### 5.1.5 民族八省区流动人口的流动时间长度

民族八省区55.14%的流动人口离开户口所在地的时间为三年以内。其中离开户口所在地半年至一年和一年至两年的人口分别占流动人口总数的20.73%和19.92%；离开户口所在地两年至三年的流动人口占14.49%左右。而离开户口所在地三年至四年的流动人口大约占9.30%；离开户口所在地五至六年的流动人口占4.04%；离开户口所在地超过六年的流动人口比例在25.83%。可见，民族八省区流动人口在不同时间段的比例与全国的平均水平是基本一致的（见图5-2）。

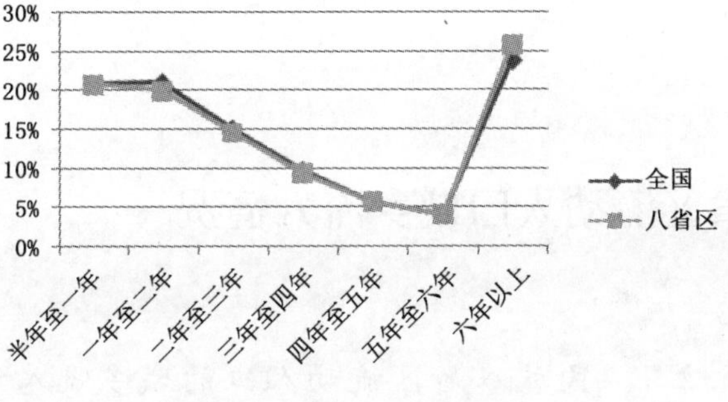


图5-2 全国和民族八省区流动人口离开户口所在地时间长度比较（单位:%）

此外，民族八省区省内及外省流入人口的流动时间长度的分布情况基本一致；八省区中各省区流动人口离开户口所在地的时间长度的分布也相差不大（见表5-6）。

**表5-6 全国和八省区流动人口离开户口所在地的时间长度** 单位：万人,%

| 现住地 | 流动人口总数 | 半年至一年 | 一年至二年 | 二年至三年 | 三年至四年 | 四年至五年 | 五年至六年 | 六年以上 |
|---|---|---|---|---|---|---|---|---|
| 全国 | 26093.79 | 20.78 | 21.01 | 15.03 | 9.65 | 5.68 | 4.03 | 23.82 |
| 八省区 | 3136.04 | 20.73 | 19.92 | 14.49 | 9.30 | 5.69 | 4.04 | 25.83 |

续表

| 现住地 | 流动人口总数 | 半年至一年 | 一年至二年 | 二年至三年 | 三年至四年 | 四年至五年 | 五年至六年 | 六年以上 |
|---|---|---|---|---|---|---|---|---|
| 内蒙古 | 717.09 | 21.81 | 18.61 | 14.09 | 9.82 | 5.90 | 4.05 | 25.72 |
| 广西 | 629.18 | 19.88 | 22.89 | 16.07 | 9.06 | 5.27 | 3.63 | 23.20 |
| 贵州 | 462.95 | 18.89 | 20.18 | 13.96 | 8.74 | 5.62 | 4.12 | 28.49 |
| 云南 | 605.38 | 21.67 | 20.19 | 14.25 | 8.76 | 5.54 | 4.02 | 25.57 |
| 西藏 | 26.20 | 18.48 | 17.34 | 13.01 | 10.35 | 6.76 | 5.49 | 28.59 |
| 青海 | 114.10 | 25.78 | 16.06 | 12.60 | 9.11 | 6.13 | 4.28 | 26.04 |
| 宁夏 | 153.45 | 22.92 | 21.33 | 16.22 | 10.51 | 6.12 | 3.95 | 18.94 |
| 新疆 | 427.70 | 18.84 | 17.77 | 13.69 | 9.71 | 5.91 | 4.45 | 29.63 |

## 5.2 民族八省区流动人口城乡流入情况

### 5.2.1 民族八省区流动人口的城乡流入结构

从民族八省区流动人口流入城乡的数量来看，八省区3136万人流动人口中有1684万人流入了城市，占全部流动人口的53.68%，流入镇的人口为846万人（26.99%），流入乡村606万人（19.33%）。与全国平均水平相比，流入城市的人口比例低于全国水平（65.33%），而流入乡村和镇的人口则相应高于全国平均水平（见图5-3）。

从各省区流入城乡的流动人口数量来看，八省区流入城市人口数量最多的是内蒙古和广西，分别是401万和367万人，云南、新疆和贵州流入城市的人口都超过200万人，分别是278万人、248万人和234万人；流入镇的流动人口

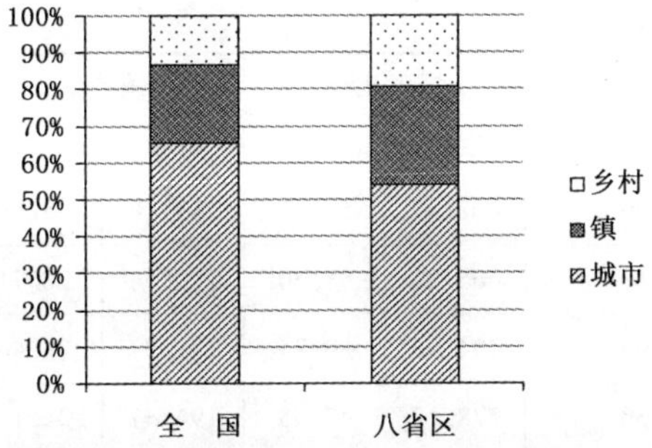


图 5-3 全国和民族八省区流动人口城乡流入比例（单位:%）

中，云南（194 万人）、内蒙古（183 万人）、广西（180 万人）和贵州（132 万人）分列前四位，且均超过 100 万人。而西藏流入镇的人口数最少，只有 10 万人，其次是宁夏（31 万人）、青海（37 万人）和新疆（78 万人），详见图 5-4、表 5-7。

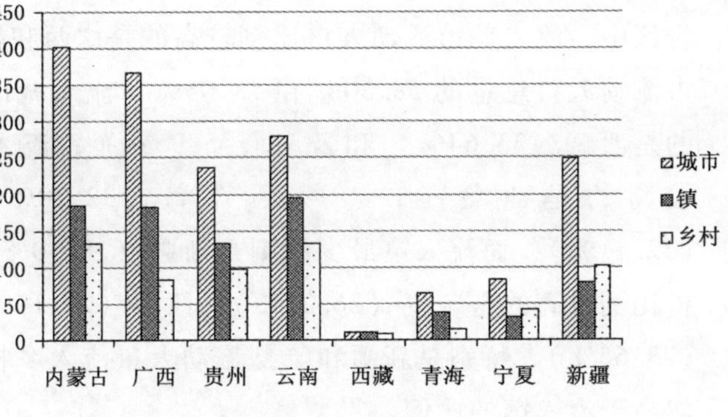


图 5-4 民族八省区流动人口流入城乡的数量比较（单位：万人）

表 5-7 全国和民族八省区流动人口的城乡流入人口数量和比例

单位：万人,%

| 现住地 | 省内流动人口 | 城市比例 | | 镇比例 | | 乡村比例 | |
|---|---|---|---|---|---|---|---|
| | | 数量 | 比例 | 数量 | 比例 | 数量 | 比例 |
| 全 国 | 26093.79 | 17046.47 | 65.33 | 5550.01 | 21.27 | 3497.31 | 13.40 |
| 八省区 | 3136.04 | 1683.58 | 53.68 | 846.34 | 26.99 | 606.12 | 19.33 |

续表

| 现住地 | 省内流动人口 | 城市比例 | | 镇比例 | | 乡村比例 | |
|---|---|---|---|---|---|---|---|
| | | 数量 | 比例 | 数量 | 比例 | 数量 | 比例 |
| 内蒙古 | 717.09 | 400.92 | 55.91 | 183.48 | 25.59 | 132.69 | 18.50 |
| 广　西 | 629.18 | 366.82 | 58.30 | 180.64 | 28.71 | 81.72 | 12.99 |
| 贵　州 | 462.95 | 234.96 | 50.75 | 131.77 | 28.46 | 96.23 | 20.79 |
| 云　南 | 605.38 | 278.18 | 45.95 | 194.37 | 32.11 | 132.83 | 21.94 |
| 西　藏 | 26.20 | 9.34 | 35.64 | 10.27 | 39.19 | 6.59 | 25.17 |
| 青　海 | 114.10 | 62.70 | 54.95 | 36.74 | 32.20 | 14.66 | 12.85 |
| 宁　夏 | 153.45 | 82.39 | 53.69 | 30.82 | 20.08 | 40.23 | 26.22 |
| 新　疆 | 427.70 | 248.28 | 58.05 | 78.25 | 18.30 | 101.16 | 23.65 |

从各省区流入城乡的流动人口比例（见表5－7）来看，八个省区流入城市的人口比例均低于全国平均水平。民族八省区中，流入城市流动人口比例较高的是广西和新疆，分别占流动人口总量的58.30%和58.05%，流入城市比例较低的是西藏（35.64%）和云南（45.95%）；流入镇的比例较高的是西藏（39.19%）、青海（32.20%）和云南（32.11%），而流入镇最少的则是新疆（18.30%）；流入乡村比例较高的是宁夏（26.22%）、西藏（25.17%）和新疆（23.65%），特别是新疆和宁夏流动人口流入乡村的比例竟然高于流入镇的比例。

## 5.2.2　民族八省区省内流动人口的城乡流入结构

从民族八省区省内流动人口的城乡结构来看（见图5－5、表5－8），依然是首选城市，八省区有1315万人口流入城市，占省内流动人口的53.81%，流入镇的人口有685万人（28.04%），而有443万人（占18.15%）流入乡村，可见省区内流动人口80%以上都流向了城镇。与全国水平相比，民族八省区省内流动人口流入城市的比例依然低于全国，而流入镇和乡村的比例则高于全国水平。

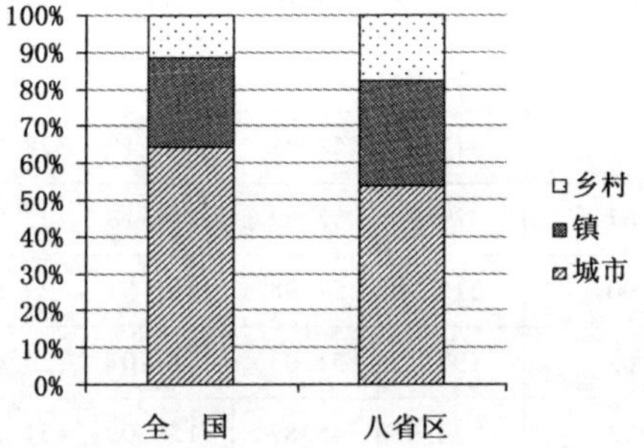


图 5－5　全国和民族八省区省内流动人口城乡流入情况比较（单位:%）

具体来看，民族八省区中内蒙古、广西流入城市的人口数量都超过300万人，内蒙古达到330万人，占内蒙古省内流动人口的57.62%，广西则达到316万人，占57.98%，其次是云南（221万人），贵州（197万人）和新疆（146万人）。流入城市人口最少的是西藏，只有3万人，并且西藏地区省内流动人口首选的是镇，其次才是城市和乡村，并且流入这三个地方人口的比例相差不大（见图5－6、表5－8）。

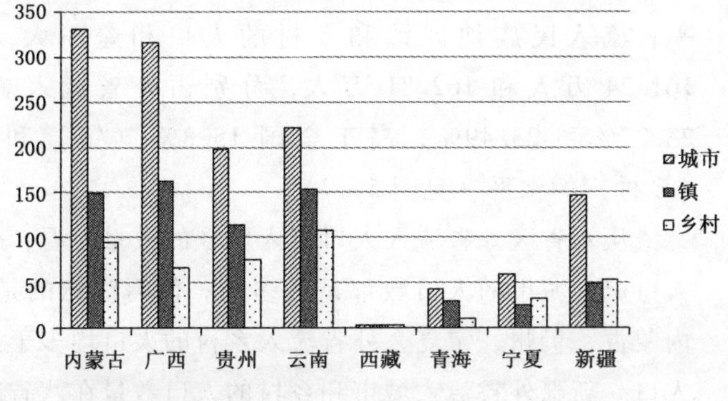


图 5－6　民族八省区省内流动人口的城乡流入情况（单位：万人）

表5－8　民族八省区省内流动人口的城乡流入数量和比例　单位：万人，%

| 现住地 | 省内流动人口 | 城市比例 | | 镇比例 | | 乡村比例 | |
|---|---|---|---|---|---|---|---|
| | | 数量 | 比例 | 数量 | 比例 | 数量 | 比例 |
| 全　国 | 17506.16 | 11244.08 | 64.23 | 4193.45 | 23.95 | 2068.63 | 11.82 |
| 八省区 | 2443.07 | 1314.65 | 53.81 | 685.10 | 28.04 | 443.31 | 18.15 |
| 内蒙古 | 572.67 | 329.99 | 57.62 | 148.13 | 25.87 | 94.56 | 16.51 |
| 广　西 | 545.00 | 315.97 | 57.98 | 162.55 | 29.83 | 66.48 | 12.20 |
| 贵　州 | 386.62 | 197.31 | 51.03 | 114.01 | 29.49 | 75.31 | 19.48 |
| 云　南 | 481.73 | 220.96 | 45.87 | 153.09 | 31.78 | 107.68 | 22.35 |
| 西　藏 | 9.66 | 3.12 | 32.28 | 3.52 | 36.42 | 3.02 | 31.30 |
| 青　海 | 82.25 | 42.59 | 51.79 | 29.28 | 35.60 | 10.38 | 12.61 |
| 宁　夏 | 116.60 | 59.02 | 50.61 | 25.36 | 21.75 | 32.23 | 27.64 |
| 新　疆 | 248.53 | 145.70 | 58.62 | 49.18 | 19.79 | 53.65 | 21.59 |

### 5.2.3　民族八省区外省流入人口的城乡流入结构

民族八省区外省流入人口流入城市的人口为368.93万人，占外省流入总人口的53.24%，低于全国67.57的水平；流入民族地区镇和乡村的人口相差不大，分别为161.24万人和162.81万人，分别占外省流入总人口的23.27%和23.49%，高于全国15.8%（镇）和16.64%（乡村）的水平（见图5－7）。

从八省区外省流入人口流入城乡的数量上看，外省流入人口流入城市的人口数都是最多的；值得注意的是，新疆、内蒙古、贵州、宁夏，外省流入乡村的人口均多于流入镇的人口。新疆外省流入城市和乡村的人口数量在八省区中是最多的，102万人流入新疆城市，47万人流入新疆的乡村。而在广西、云南、西藏、青海流入镇的外省人口则多于流入乡村的外省人口（见图5－8、见表5－9）。

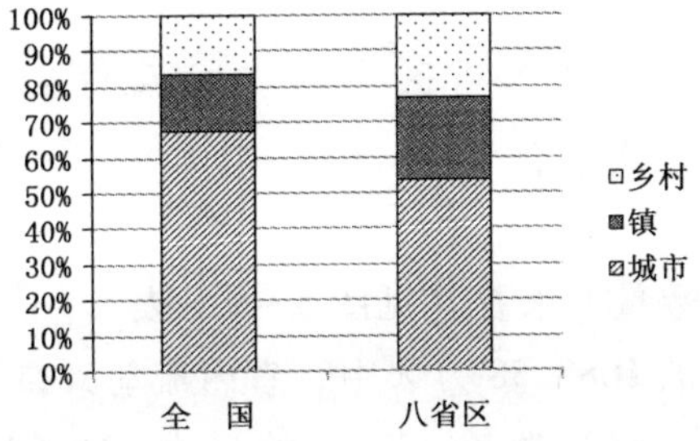


图 5－7　全国和民族八省区外省流入人口的城乡流入情况比较（单位:%）

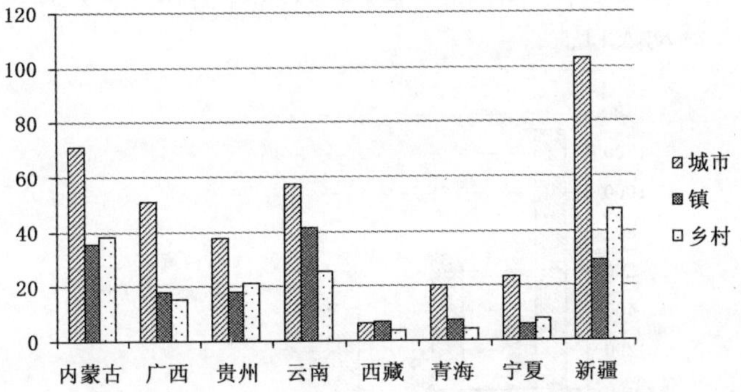


图 5－8　民族八省区外省流入人口的城乡流入情况（单位：万人）

**表 5－9　民族八省区外省流入人口流入城乡的数量和比例**　单位：万人,%

| 现住地 | 外省流入人口 | 城市 | | 镇 | | 乡村 | |
|---|---|---|---|---|---|---|---|
| | | 数量 | 比例 | 数量 | 比例 | 数量 | 比例 |
| 全 国 | 8587.63 | 5802.39 | 67.57 | 1356.56 | 15.80 | 1428.69 | 16.64 |
| 八省区 | 692.98 | 368.93 | 53.24 | 161.24 | 23.27 | 162.81 | 23.49 |
| 内蒙古 | 144.42 | 70.93 | 49.11 | 35.36 | 24.48 | 38.13 | 26.40 |
| 广 西 | 84.18 | 50.85 | 60.41 | 18.09 | 21.49 | 15.24 | 18.10 |
| 贵 州 | 76.33 | 37.65 | 49.33 | 17.76 | 23.27 | 20.92 | 27.40 |
| 云 南 | 123.65 | 57.21 | 46.27 | 41.29 | 33.39 | 25.15 | 20.34 |
| 西 藏 | 16.54 | 6.22 | 37.61 | 6.75 | 40.80 | 3.57 | 21.59 |
| 青 海 | 31.84 | 20.11 | 63.14 | 7.45 | 23.41 | 4.28 | 13.45 |
| 宁 夏 | 36.85 | 23.38 | 63.45 | 5.46 | 14.83 | 8.00 | 21.72 |
| 新 疆 | 179.16 | 102.59 | 57.26 | 29.07 | 16.22 | 47.51 | 26.52 |

中国城市少数民族流动人口的生活适应性研究

### 5.2.4 民族八省区省内流动人口和外省流入人口的城乡流入情况比较

从数量上来看（见图5－9、表5－10），民族八省区流入城市的1683.58万人中，省内流动人口1314.65万人流入了城市，而外省流入城市的只有368.93万人；流入镇的846万人中，也只有161万人是外省流入人口，685.10万人都是省内流动人口；流入乡村的606万人中，也主要是省内流动人口。

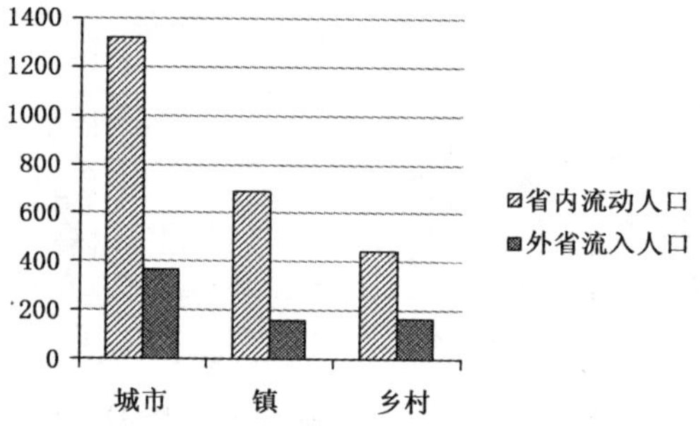


图5－9　民族八省区省内流动人口和外省流入人口流入城乡的数量比较（单位：万人）

**表5－10　民族八省区省内流动人口和外省流入人口的城乡结构**

单位：万人，%

| 人口类型 | 小计 | 城市比例 | | 镇比例 | | 乡村比例 | |
|---|---|---|---|---|---|---|---|
| | | 数量 | 比例 | 数量 | 比例 | 数量 | 比例 |
| 八省区流动人口 | 3136.04 | 1683.58 | 53.68 | 846.34 | 26.99 | 606.12 | 19.33 |
| 省内流动人口 | 2443.07 | 1314.65 | 53.81 | 685.10 | 28.04 | 443.31 | 18.15 |
| 外省流入人口 | 692.98 | 368.93 | 53.24 | 161.24 | 23.27 | 162.81 | 23.49 |

从比例上来看，民族八省区省内流动人口2443.07万人中，53.81%流入城市，流入镇和乡村的分别为28.04%和18.15%也就是说，民族八省区省内流动人口主要流入城市；

而外省流入人口692.98万人中，也主要流入城市，有53.24%外省流入人口流入民族八省区的城市，流入镇和乡村的人口则基本持平，分别为23.27%和23.49%（见图5－10、表5－10）。

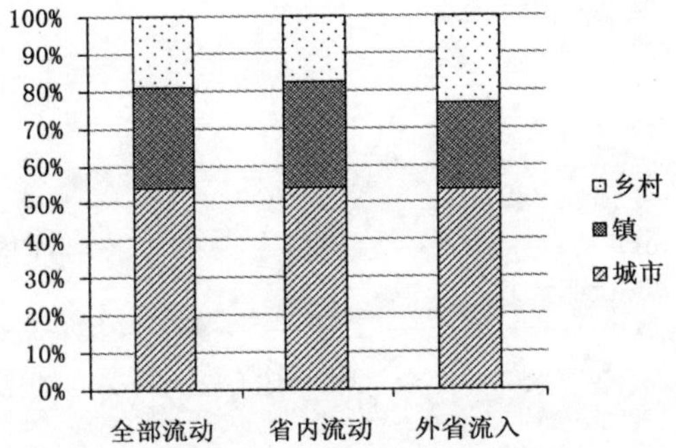


图5－10 民族八省区省内流动和外省流入人口城乡流入的比例（单位:%）

## 5.3 民族八省区流动人口受教育程度分析

### 5.3.1 民族八省区省内流动人口受教育情况

同全国省内流动人口受教育程度相比，民族八省区省内流动人口的受教育程度中未上过学的和小学水平的分别为3.5%和22.45%，高于全国平均水平，未上过学的的占2.12%，小学水平的占15.9%；初中水平的比例民族八省区和全国平均水平持平，分别为35.46%和35.12%；而高中、大学专科、大学本科和研究生的省内流动人口比例均低于全国平均水平，民族八省区省内流动人口中高中、大学专科、大学本科和研究生分别占其省内流动人口总数的21.89%，10.08%，6.31%和0.31%（见图5－11、表

5－11）。民族八省区省内流动人口中初中及以下水平占其省内总流动人口的61.4%，高中以下的则占83.3%。可见，民族八省区中，省内流动人口以高中及以下学历为主，大专以上学历所占比例低于20%。

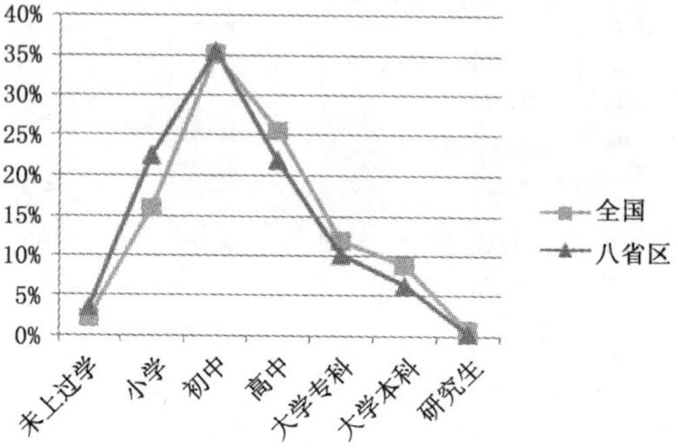


图5－11　全国和民族八省区省内流动人口受教育情况（单位:%）

具体来看，省内流动人口中，未上过学占比最多的是西藏（25.84%），然后是青海（10.27%）；小学水平占比最多的是西藏（33.48%），其次是贵州（27.9%）、青海（27.18%）、新疆（21.28%）；初中水平占比最多的是内蒙古（39.4%）、其次是广西（38.01%）、贵州（35.81%）；高中水平占比最多的是广西（26.41%），其次是新疆（21.87%）和云南（21.83%），占比最少的是西藏（7.64%），其中只有广西高于全国平均水平，其余省区均低于全国平均水平（25.58%）；就大学以上水平来说，民族八省区流动人口占比均低于全国平均水平（见表5－11、图5－12）。

**表5－11　民族八省区省内流动人口受教育情况**　单位：万人，%

| 现住地 | 省内流动人口 | 未上过学 | 小 学 | 初 中 | 高 中 | 大学专科 | 大学本科 | 研究生 | 合计 |
|---|---|---|---|---|---|---|---|---|---|
| 全　国 | 16738.35 | 2.12 | 15.90 | 35.12 | 25.58 | 11.83 | 8.76 | 0.70 | 100 |
| 八省区 | 2314.96 | 3.50 | 22.45 | 35.46 | 21.89 | 10.08 | 6.31 | 0.31 | 100 |
| 内蒙古 | 542.99 | 3.22 | 19.44 | 39.40 | 20.94 | 10.18 | 6.47 | 0.34 | 100 |

续表

| 现住地 | 省内流动人口 | 未上过学 | 小 学 | 初 中 | 高 中 | 大学专科 | 大学本科 | 研究生 | 合计 |
|---|---|---|---|---|---|---|---|---|---|
| 广 西 | 517.44 | 1.56 | 17.12 | 38.01 | 26.41 | 10.57 | 6.02 | 0.30 | 100 |
| 贵 州 | 365.49 | 4.38 | 27.90 | 35.81 | 18.21 | 7.97 | 5.53 | 0.21 | 100 |
| 云 南 | 457.32 | 4.11 | 26.81 | 31.76 | 21.83 | 8.92 | 6.23 | 0.34 | 100 |
| 西 藏 | 9.27 | 25.84 | 33.48 | 15.33 | 7.64 | 8.60 | 8.96 | 0.14 | 100 |
| 青 海 | 77.95 | 10.27 | 27.18 | 25.94 | 19.40 | 10.44 | 6.49 | 0.29 | 100 |
| 宁 夏 | 109.24 | 4.54 | 24.48 | 34.65 | 20.86 | 9.69 | 5.55 | 0.24 | 100 |
| 新 疆 | 235.25 | 2.26 | 21.28 | 31.67 | 21.87 | 14.37 | 8.17 | 0.38 | 100 |

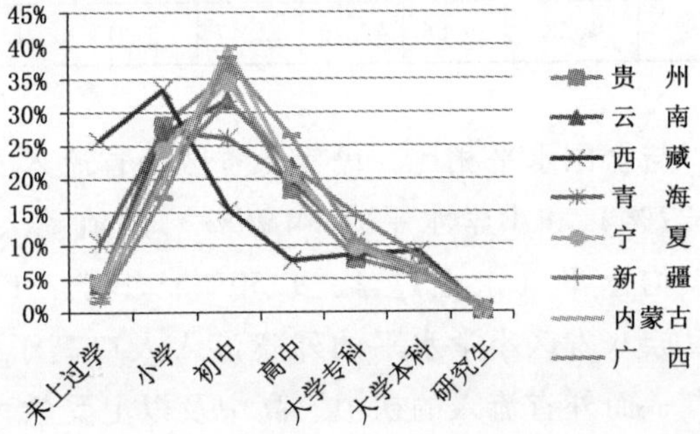


图 5-12 民族八省区省内流动人口受教育情况（单位:%）

### 5.3.2 民族八省区外省流入人口受教育情况

民族八省区外省流入人口（659 万人）中初中水平所占的比例最高，为 47.9%，其次是小学水平（24.96），高中水平（14.52%），大专水平（5.19%），大本（3.86%），以及研究生（0.30%）。可见，小学及以下水平的流动人口占外省总流入人口的 76.13%，也就是说外省流入民族八省区的流动人口中绝大部分是初中及以下的文化程度。大专以上的外省流入人口不到 10%（见表 5-12）。

表 5-12　　民族八省区外省流入人口受教育情况　　单位：万人，%

| 现住地 | 外省流入人口 | 未上过学 | 小学 | 初中 | 高中 | 大学专科 | 大学本科 | 研究生 | 合计 |
|---|---|---|---|---|---|---|---|---|---|
| 全　国 | 8265.32 | 1.50 | 17.32 | 52.84 | 16.76 | 6.07 | 5.04 | 0.47 | 100 |
| 八省区 | 659.01 | 3.27 | 24.96 | 47.90 | 14.52 | 5.19 | 3.86 | 0.30 | 100 |
| 内蒙古 | 138.50 | 3.22 | 21.56 | 51.90 | 14.27 | 5.34 | 3.49 | 0.22 | 100 |
| 广　西 | 79.83 | 1.36 | 17.21 | 46.19 | 19.39 | 8.14 | 7.05 | 0.67 | 100 |
| 贵　州 | 72.38 | 2.52 | 23.90 | 48.39 | 15.09 | 5.48 | 4.23 | 0.39 | 100 |
| 云　南 | 117.07 | 2.62 | 28.47 | 45.38 | 14.02 | 4.66 | 4.48 | 0.36 | 100 |
| 西　藏 | 16.23 | 5.93 | 25.90 | 45.40 | 15.57 | 4.23 | 2.79 | 0.17 | 100 |
| 青　海 | 30.32 | 5.36 | 23.11 | 45.67 | 15.89 | 5.63 | 4.05 | 0.29 | 100 |
| 宁　夏 | 34.80 | 3.60 | 23.90 | 48.83 | 13.19 | 5.31 | 4.94 | 0.22 | 100 |
| 新　疆 | 169.88 | 4.28 | 29.86 | 47.42 | 12.47 | 3.91 | 1.92 | 0.15 | 100 |

与全国水平相比，民族八省区外省流入人口中未上过学（3.27%）和小学水平（24.96%）的流动人口比例高于全国平均水平（未上过学：1.50%，小学：17.32%），特别是民族八省区小学水平的外省流入人口高于全国7.64个百分点；而外省流入的初中、高中及以上受教育水平的流动人口的比例均低于全国平均水平，其中初中、高中、大专、大本、研究生分别低于全国平均水平的4.94、2.24、0.88、1.18和0.17个百分点（见表5-12、图5-13）。

具体来看八省区外省流入人口的受教育水平，西藏、青海、新疆外省流入人口中未上过学的比例位于前三名，分别为5.93%、5.36%、4.28%；小学水平比例最高的是新疆（29.86%），其次是云南（28.47%），西藏（25.90%），只有广西小学水平流动人口的比例低于全国平均水平；八省区外省流入人口中，初中水平人口所占的比例均低于全国平均水平（见表5-12、图5-14）。

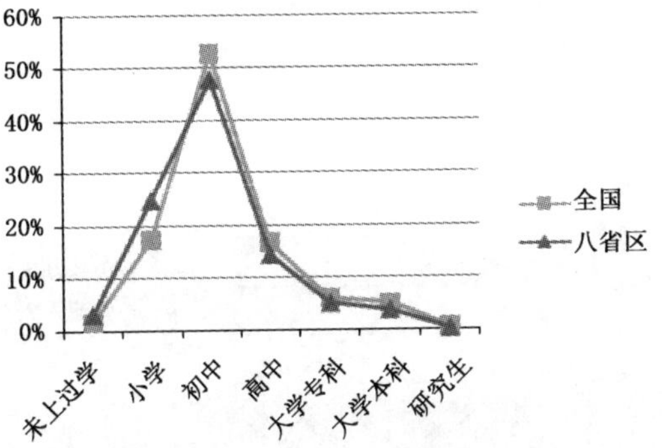


图 5-13　全国和民族八省区外省流入人口受教育情况比较（单位:%）

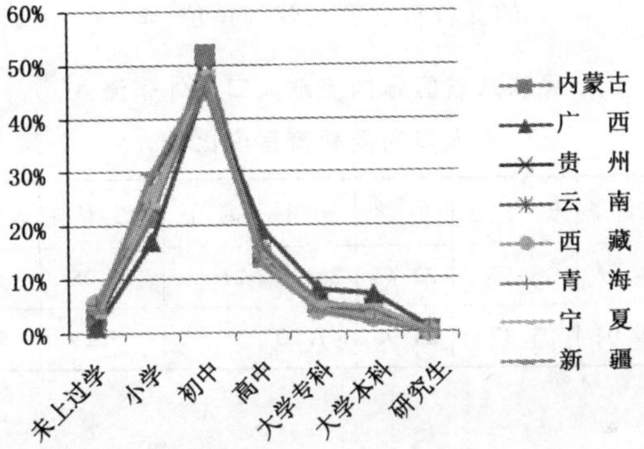


图 5-14　民族八省区外省流入人口受教育情况比较（单位:%）

### 5.3.3　民族八省区省内流动、外省流入人口的受教育程度比较

从民族八省区省内流动人口和外省流入人口的受教育水平比较（见图5-15、表5-13）来看，省内流动人口中未上过学、高中、大专、大本、研究生水平的比例均高于外省流入人口相应教育水平占外省流入总人口的比例，而外省流入人口中，小学、初中水平人口所占的比例高于相应的省内流动人口的比例。由此可见，外省流入人口中，受教育水平较低的小学和初中人口的比例较高，而省内流动人口中未上

过学的，或者高中以上的较高学历的人口比例较高。

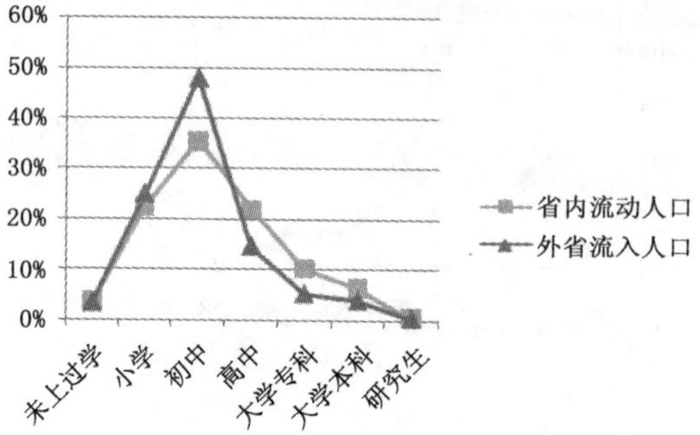


图 5－15　民族八省区省内流动人口与外省流入人口的受教育程度比较（单位:%）

表 5－13　民族八省区省内流动人口与外省流入人口的受教育程度比较

单位：万人,%

| 现住地 | 人口数量 | 未上过学 | 小 学 | 初 中 | 高 中 | 大学专科 | 大学本科 | 研究生 | 合计 |
|---|---|---|---|---|---|---|---|---|---|
| 省内流动人口 | 2314.96 | 3.50 | 22.45 | 35.46 | 21.89 | 10.08 | 6.31 | 0.31 | 100 |
| 外省流入人口 | 659.01 | 3.27 | 24.96 | 47.90 | 14.52 | 5.19 | 3.86 | 0.30 | 100 |

## 5.4 民族八省区流动人口的迁移原因分析

### 5.4.1 民族八省区省内流动人口的迁移原因

总体上看，民族八省区流动人口的迁移原因主要为务工经商。其中省内流动人口中 32.76%（800.36 万人）为务工经商，其次是随迁家属（20.29%，495.67 万人）和学习培训（13.12%），再次是拆迁搬家（8.97%），与全国流动人口迁移原因的排序基本一致（见图 5－16、表 5－14）。

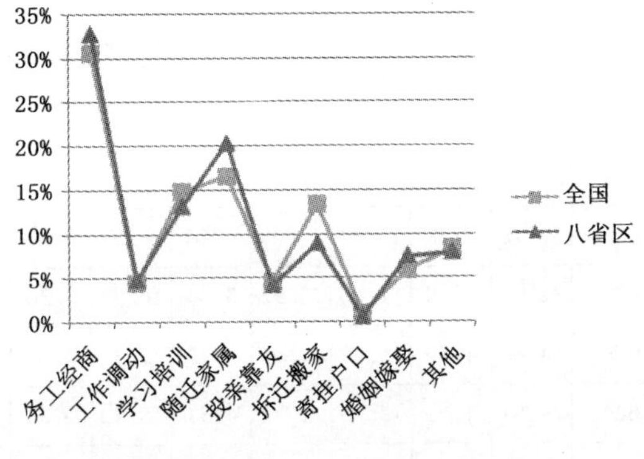


图 5－16　全国和民族八省区流动人口迁移原因比较（单位:%）

从省内流动人口务工经商人口的数量上看，云南务工经商的人口最多，为 191.93 万人，其次是广西（188.89 万人）、内蒙古（186.87 万人）、贵州（115.25 万人），而新疆、宁夏、青海、西藏自治区（省）内务工经商的人数相对较少（见图 5－17）。

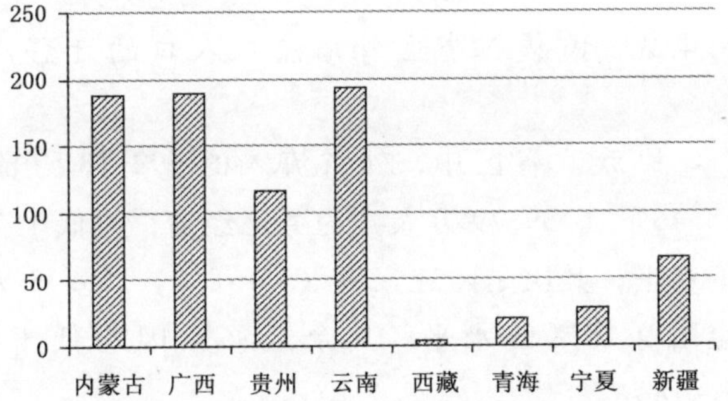


图 5－17　民族八省区省内流动人口中务工经商人数（单位：万人）

从比例上看，八省区省内流动人口中，务工经商比例最高的是云南（39.84%），随迁家属比例最高的是宁夏（26.96%）和内蒙古（23.92%），而学习培训比例最高的则是广西（15.39%），其次是云南（13.94%）和贵州（13.05%）（见表 5－14）。

表 5-14　民族八省区省内流动人口的迁移原因　单位：万人，%

| 现住地 | 省内流动人口 | 务工经商 | 工作调动 | 学习培训 | 随迁家属 | 投亲靠友 | 拆迁搬家 | 寄挂户口 | 婚姻嫁娶 | 其他 | 合计 |
|---|---|---|---|---|---|---|---|---|---|---|---|
| 全　国 | 17506.16 | 30.62 | 4.53 | 14.86 | 16.56 | 4.68 | 13.44 | 1.00 | 5.94 | 8.37 | 100 |
| 八省区 | 2443.07 | 32.76 | 4.78 | 13.12 | 20.29 | 4.16 | 8.97 | 0.53 | 7.48 | 7.91 | 100 |
| 内蒙古 | 572.67 | 32.63 | 3.70 | 11.60 | 23.92 | 3.63 | 10.97 | 0.36 | 5.40 | 7.79 | 100 |
| 广　西 | 545.00 | 34.66 | 4.67 | 15.39 | 17.60 | 3.93 | 7.37 | 0.60 | 8.87 | 6.91 | 100 |
| 贵　州 | 386.62 | 29.81 | 4.12 | 13.05 | 21.31 | 4.51 | 8.42 | 0.34 | 9.48 | 8.95 | 100 |
| 云　南 | 481.73 | 39.84 | 5.78 | 13.94 | 16.21 | 4.15 | 5.83 | 0.77 | 7.22 | 6.27 | 100 |
| 西　藏 | 9.66 | 36.64 | 10.48 | 10.52 | 13.35 | 4.98 | 5.79 | 0.27 | 4.68 | 13.31 | 100 |
| 青　海 | 82.25 | 24.03 | 5.41 | 10.18 | 23.34 | 4.15 | 14.23 | 0.50 | 5.94 | 12.22 | 100 |
| 宁　夏 | 116.60 | 25.41 | 4.27 | 11.33 | 26.96 | 3.78 | 16.34 | 0.43 | 4.06 | 7.41 | 100 |
| 新　疆 | 248.53 | 25.95 | 6.44 | 12.05 | 20.26 | 5.47 | 9.77 | 0.63 | 8.89 | 10.54 | 100 |

## 5.4.2　民族八省区外省流入人口的迁移原因

民族八省区中，外省流入的 692.98 万流动人口中，63.46%（439.79 万人）为务工经商，但低于全国 74.68% 的水平；其次是随迁家属（15.78%，109.33 万人），高于全国 9.29% 的水平；其余迁移原因均低于 5%（见图 5-18）。

从民族八省区外省流入的务工经商人员的数量上来看，外省流入新疆务工经商的人口最多，为 108.97 万人，其次是内蒙古（92.91 万人）、云南（84.21 万人）和贵州（46.82 万人），最少的是西藏（13.68 万人）（见图 5-19）。

从民族八省区外省流入人口迁移原因的比例上看，到西藏务工经商的外省人口比例最高（82.72%），其次是云南（68.10%）；到宁夏的随迁家属比例最高（21.71%），其次是新疆（18.43%）；其余原因的比例都几乎小于5%（见表5-15）。

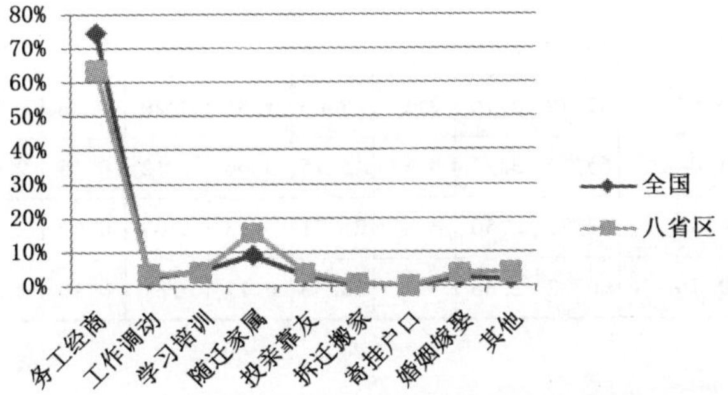


图5-18　全国和民族八省区外省流入人员迁移原因比较（单位:%）

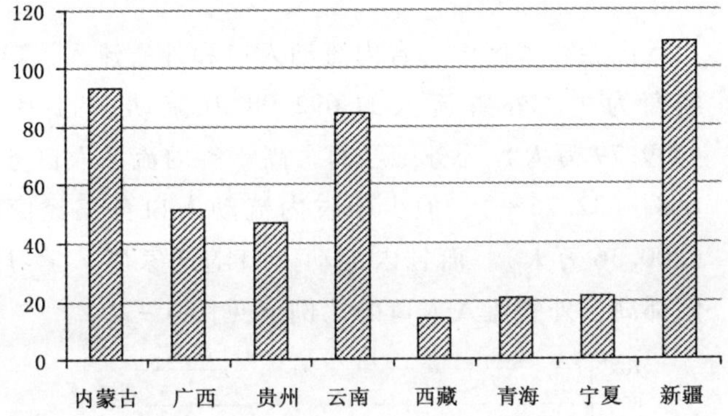


图5-19　民族八省区外省流入务工经商人口数量（单位：万人）

**表5-15　民族八省区外省流入人口的迁移原因** 单位：万人,%

| 现住地 | 外省流入人口 | 务工经商 | 工作调动 | 学习培训 | 随迁家属 | 投亲靠友 | 拆迁搬家 | 寄挂户口 | 婚姻嫁娶 | 其他 | 合计 |
|---|---|---|---|---|---|---|---|---|---|---|---|
| 八省区 | 692.98 | 63.46 | 3.57 | 4.14 | 15.78 | 3.90 | 0.94 | 0.12 | 3.91 | 4.18 | 100 |
| 内蒙古 | 144.42 | 64.33 | 4.85 | 3.24 | 16.21 | 2.89 | 1.00 | 0.09 | 3.99 | 3.40 | 100 |
| 广　西 | 84.18 | 60.83 | 3.72 | 6.90 | 13.38 | 3.38 | 1.13 | 0.17 | 6.05 | 4.44 | 100 |
| 全　国 | 8587.63 | 74.68 | 2.48 | 4.40 | 9.29 | 3.26 | 0.86 | 0.14 | 2.56 | 2.34 | 100 |
| 贵　州 | 76.33 | 61.34 | 3.63 | 4.32 | 13.73 | 3.94 | 1.02 | 0.12 | 7.66 | 4.24 | 100 |

续表

| 现住地 | 外省流入人口 | 务工经商 | 工作调动 | 学习培训 | 随迁家属 | 投亲靠友 | 拆迁搬家 | 寄挂户口 | 婚姻嫁娶 | 其他 | 合计 |
|---|---|---|---|---|---|---|---|---|---|---|---|
| 云　南 | 123.65 | 68.10 | 3.34 | 4.17 | 14.04 | 2.67 | 0.42 | 0.11 | 3.64 | 3.50 | 100 |
| 西　藏 | 16.54 | 82.72 | 2.76 | 2.19 | 5.66 | 1.51 | 0.20 | 0.16 | 0.77 | 4.03 | 100 |
| 青　海 | 31.84 | 65.05 | 3.77 | 3.37 | 15.25 | 3.06 | 1.12 | 0.15 | 2.96 | 5.27 | 100 |
| 宁　夏 | 36.85 | 57.77 | 3.50 | 4.45 | 21.71 | 4.13 | 2.63 | 0.09 | 2.45 | 3.26 | 100 |
| 新　疆 | 179.16 | 60.82 | 2.66 | 3.74 | 18.43 | 6.11 | 0.81 | 0.10 | 2.18 | 5.15 | 100 |

### 5.4.3 民族八省区省内流动人口、外省流入人口的迁移原因比较

民族八省区中，省内流动人口和外省流入人口均以务工经商为主。外省流入的692.98万流动人口中，63.46%（439.79万人）为务工经商，高于省内流动人口务工经商的比例（32.76%），但少于省内流动人口务工经商的绝对数（800.36万人）。而省内流动人口随迁家属、学习培训的比例都高于外省流入人口的比例（见图5－20）。

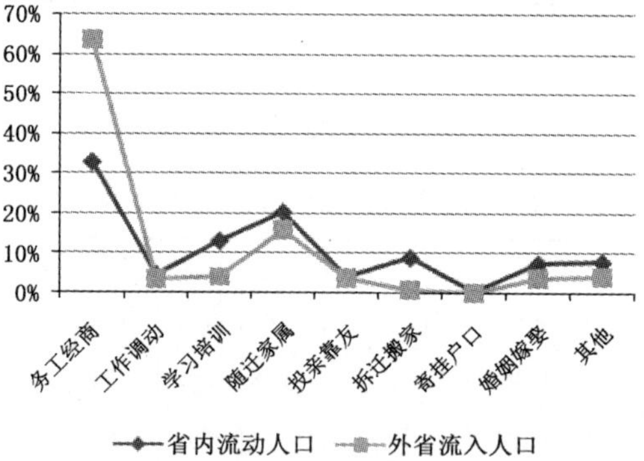


图5－20　民族八省区省内流动人口、外省流入人口的迁移原因比较（单位:%）

# 5.5 民族八省区流动人口的就业情况分析

依据《中国2010年人口普查资料》长表10%抽样数据，民族八省区的流动人口主要从事商业服务业和生产运输行业。省区内流动人口从事两个行业的比例分别为32.96%、28.74%，而外省流入人口则分别为39.27%、38.61%。

## 5.5.1 民族八省区省内流动人口的就业状况

民族八省区的流动人口主要从事商业服务业和生产运输行业。省区内流动人口从事两个行业的比例分别为32.96%、28.74%，略低于全国33.91%和29.96%的比例，位列第三、第四位的则是农业和专业技术人员所占的比例（见图5-21）。

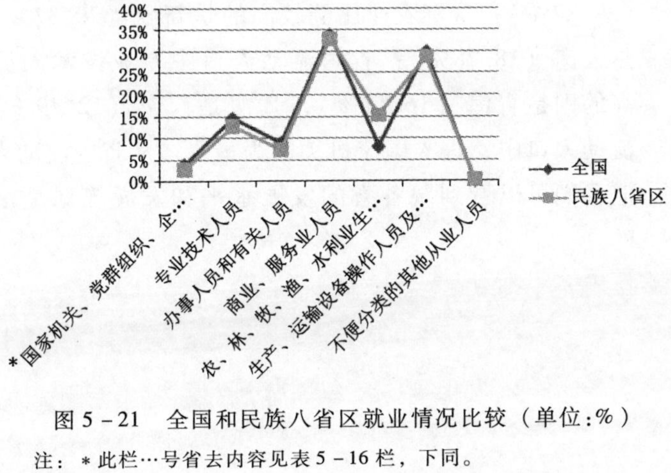


图5-21 全国和民族八省区就业情况比较（单位:%）

注：*此栏…号省去内容见表5-16栏，下同。

对民族八省区省内流动人口从事商业服务业和生产运输业进行对比（见图5－22），可以发现，西藏、新疆、广西、云南、贵州、青海六省区省内流动人口从事商业服务业的比重都高于生产运输业，只有内蒙古和宁夏两个自治区与之相反。

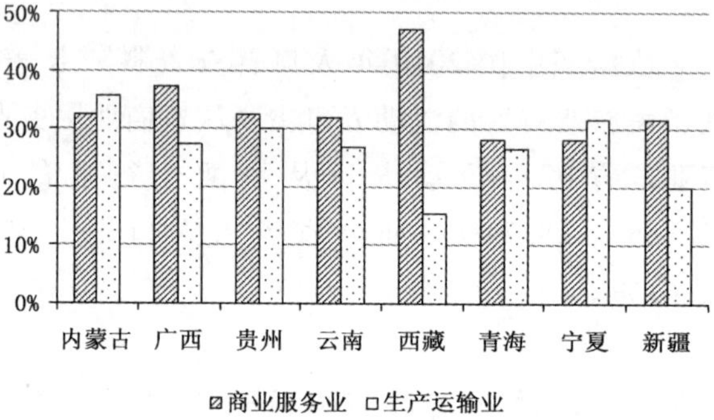


图5－22　民族八省区省内流动人口从事商业服务业和生产运输业的比例（单位：%）

具体来讲，如表4－16所示，西藏从事商业服务业的省内流动人口比例最高，达到了47.04%，其次是广西（37.09%）和贵州（32.34）；从事生产运输业比例最高的是内蒙古（35.39%），其次是宁夏（31.54%）和贵州（29.82%）；从事农业比例较高的是新疆（20.37%），其次是云南（18.78%）；省内流动人口中专业技术人员比例较高的则是青海（16.18%），其次是云南（12.79%）。省内流动人口中，进入国家机关的为最少。从省内流动人口的就业我们可以看到跟各省的发展水平和发展规划是密不可分的。

表 5-16　民族八省区省内流动人口就业情况　单位：万人，%

| 现住地 | 省内流动人口 | 国家机关、党群组织、企业、事业单位负责人 | 专业技术人员 | 办事人员和有关人员 | 商业、服务业人员 | 农、林、牧、渔、水利业生产人员 | 生产、运输设备操作人员及有关人员 | 不便分类的其他从业人员 | 合计 |
|---|---|---|---|---|---|---|---|---|---|
| 全国 | 834.82 | 4.04 | 14.68 | 9.06 | 33.91 | 8.17 | 29.96 | 0.18 | 100 |
| 八省区 | 115.15 | 2.66 | 12.78 | 7.34 | 32.96 | 15.27 | 28.74 | 0.26 | 100 |
| 内蒙古 | 26.25 | 2.58 | 12.32 | 7.52 | 32.27 | 9.67 | 35.39 | 0.26 | 100 |
| 广西 | 27.09 | 2.32 | 11.59 | 6.65 | 37.09 | 14.74 | 27.26 | 0.35 | 100 |
| 贵州 | 17.48 | 2.53 | 12.23 | 7.45 | 32.34 | 15.26 | 29.82 | 0.37 | 100 |
| 云南 | 22.91 | 2.48 | 12.79 | 7.46 | 31.81 | 18.78 | 26.61 | 0.06 | 100 |
| 西藏 | 0.44 | 1.92 | 11.50 | 10.04 | 47.04 | 12.46 | 15.21 | 1.83 | 100 |
| 青海 | 3.72 | 3.64 | 16.18 | 8.52 | 27.94 | 16.98 | 26.55 | 0.19 | 100 |
| 宁夏 | 5.52 | 2.94 | 12.23 | 7.08 | 28.04 | 18.15 | 31.54 | 0.03 | 100 |
| 新疆 | 11.75 | 3.77 | 16.63 | 7.72 | 31.52 | 20.37 | 19.69 | 0.30 | 100 |

### 5.5.2　民族八省区外省流入人口就业状况

民族八省区外省流入人口也主要流入生产运输行业和商业服务业两个行业。八省区外省流入人口从事商业服务业的人口比例为39.27%，高于全国平均水平（27.64%），而从事生产运输行业的则为38.61%，远低于全国平均水平（55.44%）。不过仅仅这两个行业就吸纳了接近80%的外省流入人口（见图5-23）。

对民族八省区从事商业服务业和生产运输业的比例进行比较（见图5-24）可知，西藏、广西、贵州、云南、青海从事商业服务业的省内流动人口的比例高于从事生产服务业的流动人口比例；而内蒙古、新疆和宁夏三省区则恰好相反。

中国城市少数民族流动人口的生活适应性研究

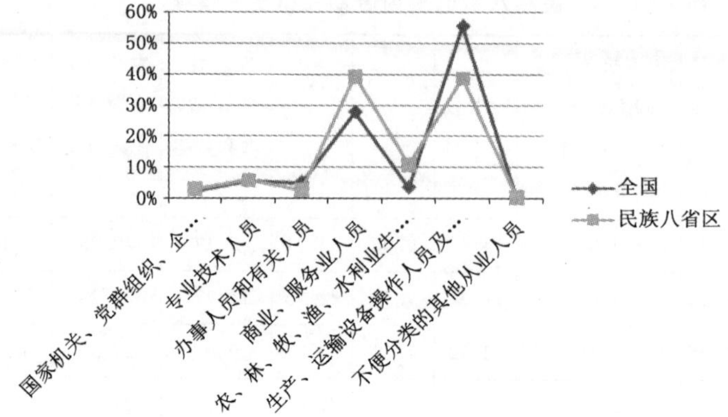


图 5-23　全国和民族八省区外省流入人口的就业比例（单位:%）

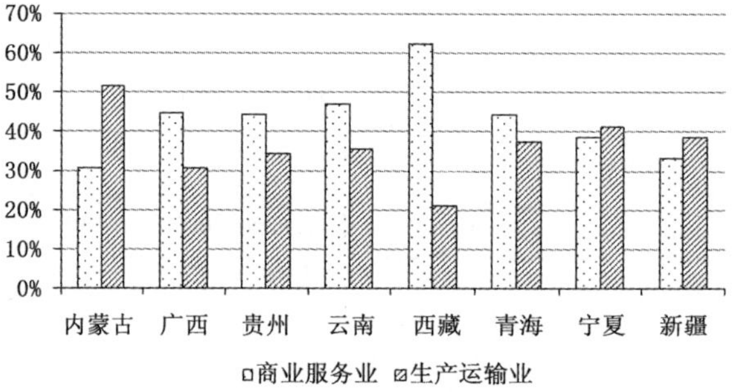


图 5-24　民族八省区外省流入人口就业最多的
两个行业的人口比较（单位:%）

具体来看，民族八省区外省流入人口从事商业服务业比重最高的是西藏（62.30%），其次是云南（46.82%）；从事生产运输业比例最高的是内蒙古（51%），其次是青海（37.24%），但是均低于全国平均 55.44% 的水平；从事农业较多的是新疆（19.35%），其次是广西（10.36%）和贵州（8.38%）远高于全国 3.49% 的水平。由此可见，民族地区第一产业吸纳外省流入人口就业的比重相比全国比重较高，而第二和第三产业吸纳外省流动人口就业则落后于全国平均水平（见表 5-17）。

表 5－17　全国和民族八省区外省流入人口的就业比例　单位：万人，%

| 现住地 | 外省流入人口 | 国家机关、党群组织、企业、事业单位负责人 | 专业技术人员 | 办事人员和有关人员 | 商业、服务业人员 | 农、林、牧、渔、水利业生产人员 | 生产、运输设备操作人员及有关人员 | 不便分类的其他从业人员 | 合计 |
|---|---|---|---|---|---|---|---|---|---|
| 全国 | 602.27 | 2.44 | 5.84 | 5.03 | 27.64 | 3.49 | 55.44 | 0.11 | 100 |
| 八省区 | 40.73 | 2.83 | 5.73 | 2.58 | 39.27 | 10.73 | 38.61 | 0.26 | 100 |
| 内蒙古 | 8.09 | 2.11 | 6.02 | 2.63 | 30.35 | 7.27 | 51.42 | 0.20 | 100 |
| 广西 | 4.76 | 3.91 | 6.63 | 3.56 | 44.68 | 10.36 | 30.55 | 0.31 | 100 |
| 贵州 | 4.65 | 3.68 | 6.04 | 3.07 | 44.21 | 8.38 | 34.12 | 0.51 | 100 |
| 云南 | 7.09 | 2.93 | 5.68 | 2.40 | 46.82 | 6.84 | 35.24 | 0.09 | 100 |
| 西藏 | 1.22 | 1.52 | 7.78 | 2.27 | 62.30 | 5.04 | 20.96 | 0.13 | 100 |
| 青海 | 4.93 | 5.47 | 6.47 | 2.20 | 44.13 | 4.38 | 37.24 | 0.12 | 100 |
| 宁夏 | 2.27 | 3.15 | 5.56 | 3.19 | 38.52 | 8.51 | 41.06 | 0.01 | 100 |
| 新疆 | 10.71 | 2.05 | 4.67 | 1.98 | 33.13 | 19.35 | 38.42 | 0.40 | 100 |

### 5.5.3　民族八省区省内流动和外省流入人口就业状况

从就业情况看，八省区省内流动人口和外省流入人口都主要从事商业服务业和生产运输设备操作工作，外省流入人口从事机关工作、商业服务业、生产运输的人员均高于省内流动人口从事该行业所占的比例，而省内流动人员从事农业和专业技术人员较多（见表5－18、图5－25）。

表 5－18　民族八省区省内流动人口和外省流入人口从事各行业比较　单位：万人，%

| 现住地 | 流动人口 | 国家机关、党群组织、企业、事业单位负责人 | 专业技术人员 | 办事人员和有关人员 | 商业、服务业人员 | 农、林、牧、渔、水利业生产人员 | 生产、运输设备操作人员及有关人员 | 不便分类的其他从业人员 | 合计 |
|---|---|---|---|---|---|---|---|---|---|
| 省内流动 | 115.15 | 2.66 | 12.78 | 7.34 | 32.96 | 15.27 | 28.74 | 0.26 | 100 |
| 外省流入 | 40.73 | 2.83 | 5.73 | 2.58 | 39.27 | 10.73 | 38.61 | 0.26 | 100 |

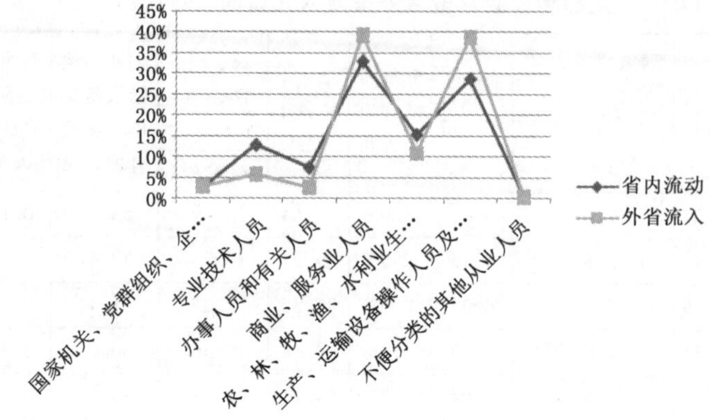


图 5－25　民族八省区省内流动人口和外省流入人口从事各行业比较（单位:%）

## 5.6 统计分析结果对城市少数民族流动人口问题的启示

### 5.6.1 民族八省区省内流动和流入外省的流动人口中有大部分流入了城市

依据第六次人口普查民族八省区统计公报民族八省区的少数民族人口为 7075.33 万人，占民族八省区总人口 18819.14 万人的 37.6%（见表 5－19）。按此比例推算，民族八省区省内流动的 2443 万人中至少有 919 万少数民族流动人口，而这些人口中 80% 以上流入了民族地区的城镇；民族八省区中流出省外的 1160 万人口中，也至少有 436 万少数民族流动人口流向了外省，其中大部分也是流入了外省的城镇。从民族八省区流动人口的流向我们可以看到，他们不仅流入当地的城镇，也流入相邻省区的城镇，还有的流向了沿海发达省区的城镇，因此，相关的政府部门必须重视这部分少数流动人口在流入城市的民生和城市融入问题。

表 5-19　民族八省区少数民族人口数量和比例　单位：万人，%

| 现住地 | 总人口 | 少数民族人口 | |
|---|---|---|---|
| | | 数量 | 比例 |
| 八省区 | 18819.14 | 7075.33 | 37.60 |
| 内蒙古 | 2470.63 | 505.49 | 20.46 |
| 广　西 | 4602.38 | 1711.16 | 37.18 |
| 贵　州 | 3474.86 | 1254.77 | 36.11 |
| 云　南 | 4596.68 | 1533.91 | 33.37 |
| 西　藏 | 300.22 | 275.69 | 91.83 |
| 青　海 | 562.67 | 264.34 | 46.98 |
| 宁　夏 | 630.14 | 223.19 | 35.42 |
| 新　疆 | 2181.58 | 1306.77 | 59.90 |

### 5.6.2 民族八省区城市少数民族流动人口的服务工作更迫切

民族八省区 3136 万人的庞大流动人口大军中的 1684 万人流入了民族八省区的城市。民族八省区的城市，一方面接纳了来自本省区的少数民族流动人口，另一方面还接纳了来自全国各地的汉族和其他民族的少数民族流动人口，在这里各个民族的文化强烈交融，因此，更需要做好流动人口服务与管理工作。

### 5.6.3 民族八省区的流出人口首选邻近或经济发展水平较好的省区

广西、贵州、云南的流出人口主要流入地为相邻的经济发达省区，其次选择交通距离不太远的沿海发达省区，广东是他们的首选，其次是浙江和福建等沿海发达省区。而西藏、青海、宁夏、新疆的流出人口则主要流入临近的内陆中部省区和邻近省区，比如，西藏流出人口主要选择四川和陕西，新疆的流出人口主要选择河南、四川和甘肃；青海的流出人口主要选择邻近的甘肃、四川和河南，类似地看，宁夏的流出人口主要选择甘肃、陕西和河南。在民族八省区人口的这些主要流入省的城市，都是应该着重做好少数民族流动人口的服务和管理工作的地方。

### 5.6.4 应该做好少数民族流动人口的教育培训工作，提高他们的文化素质

由于少数民族流动人口的受教育程度普遍偏低，且60%以上的流动人口受教育水平在初中以下，大专以上的不足20%，因此，在少数民族流动人口较多的企业和少数民族流动人口聚居的城市社区，应该加强对他们的教育培训工作，提高他们的文化素质，为他们更好地融入城市生活服好务。

### 5.6.5 服务管理工作中应该特别关注商业服务业和生产运输业等行业的少数民族群体

民族八省区省内流动人口，外省流入人口，以及流入外省的人口中的绝大多数都是从事商业服务业和生产运输等行业，他们当中大学分是初中以下学历，并且没有携家带口，在城市人口享受这部分群体给我们的生活带来的丰富多彩以及便利的过程中，城市的少数民族服务和管理部门应该给予他们更多的关心与关爱，要做好他们的服务工作，在管理中突出服务理念。必须认识到，是56个民族兄弟姐妹的共同努力，才有了我们今天的幸福生活。

# 第6章 diliuzhang

# 中国少数民族人口流动的动因、特征及影响

本章将总结近些年中国国内民族学、经济学以及人口统计学学者以及笔者对城市少数民族流动人口的调查和研究结果，深入探讨中国少数民族人口流动的动因、特征以及对流入地和流出地的深刻影响。

## 6.1 少数民族人口流入城市的动因

一般来说，人们离开原居住地而迁移或流动到自己并不熟悉的地方是有一定原因的。人口流动因人而异，但可以肯定地说人们流动到陌生的地方一般都是为了追求比原来更好的生活环境和生存质量。中国少数民族人口流动大致发生在20世纪80年代中期，进入90年代形成一定规模，最近十年少数民族流动人口随着全国的人口流动大潮进入了一个快速增长的阶段。促使少数民族人口流动的背景因素大致可分为以下几点。

### 6.1.1 改革开放的大环境

党的十一届三中全会制定了以经济建设为中心的大政方针，中国进入了对外开放、对内搞活的改革开放年代。中国的改革，首先发端于农村开始实行联产承包责任制，农民拥有对土地使用的支配权，极大地调动了农民的生产积极性，劳动效率大为提高。此外，农民种田与自己的收益密切相关，他们比集体化时更加精耕细作，在高产、稳产上下功夫。这就是说，农村联产承包责任制在促进农业生产发展的同时，缩短了农时，减少了人力，创造出大量的农村剩余劳动力和剩余劳动时间。从此，农民走出田间，从事多种经营并实现人口流动便有了可能。

另外，随着城市体制的改革，城市门户逐渐开放，限制人口流动的户籍制度有所松动，并逐渐开放粮油等城市居民生活必需品的价格和供应，这为农村人口比较自由地进入城市开展经商活动创造了良好的外部条件。1984 年 10 月，国务院发出《关于农民进入集镇落户问题的通知》，虽然对农村人口进入城市仍有诸多限制，但打破多年的规定第一次为农村人口进入城市敞开了一条通道。而城市粮油和副食品供应制度的改革及生活必需品供应的放开，使农民进入城市后不再受各种供应票券的限制。可见，通过农村和城市体制的改革，使过去严格的城乡二元格局有所松动，束缚农村人口流动的条条框框逐渐被打破。并且，少数先进城的农民不仅在城里找到了活，还赚了更多的钱，这种利益驱动就引发了农民向城市的大量流动。在浩浩荡荡的流动人口大军中，少数民族人口向城市的流动成为其中别具特色的一股潮流。

### 6.1.2 少数民族地区农村的推力

少数民族地区虽然地大物博，资源丰富，但是自然生态环境非常脆弱，承载能力低。生态环境的恶化已经成为少数民族地区一个突出的问题。当前，少数民族地区水土流失依然严重。少数民族地区的大部分草原“不堪重负”，退化速度呈加剧趋势。中国现有草地3.9亿公顷，居世界第二位，但是草地退化严重，90%的草地已经或正在退化。首次全国草原全面监测结果显示：中国大部分草原超载过牧问题突出，内蒙古、新疆、甘肃和四川等省区天然草原家畜超载40%以上。总体上看，草原退化、沙化、盐渍化、沙漠化仍然严重。开垦草原、乱征滥占草原、乱采滥挖草原野生植物等破坏草原生态的现象时有发生①。

伴随着民族地区生态环境的恶化和耕地沙化的快速增长，是少数民族地区农村生产力水平的逐步提高。少数民族流动人口的主体是农民，因此从根本上说，民族地区农村如果没有庞大的剩余劳动力并且迫切需要把他们推出，就不会有20世纪90年代以来少数民族流动人口的迅速增加。众所周知，20世纪70年代末80年代初展开的中国农村改革，使广大农民获得生产经营自主权，农业劳动生产率提高，民族地区农村剩余劳动力大规模解放出来。另外，中国农村对劳动力的推力还表现在人均占有耕地面积的减少上。近年，由于农业占地不断增加，使全国人均占有耕地面积从过去的0.1公顷减少到0.08公顷。少数民族地区人均耕地面积虽然高于全国平均水平，但由于土壤相对贫瘠，可开发潜力小，因此，伴随农村生产力水平的提高，民族地区剩余劳动力流入城市是必然的。当然，由于中国的具体国情，这些数量庞大的农村剩余劳动力开始并不主要是流入城市，而是有一部分转入了20世纪80年代时政府一直倡导的“离土不离乡、进厂不进城”的乡镇企业。自1978年至1997年中国乡镇企业职工从2826万人增至13050万人，19年间共吸纳了1亿以上的农村剩余劳动力。另外，由于1984年政府曾制

① 刘永佶．中国少数民族经济学［M］．中国经济出版社．2010．第513页．

定政策，允许农民自带口粮进入集镇从事第二、第三产业并落户，因而也吸纳了一定数量的农民。应该说，这些措施对缓解农村剩余劳动力的巨大压力和促进经济的发展以及社会的稳定都发挥了积极的和主要的作用。但是，这些措施并不能全部解决农村剩余劳动力的出路问题，而且随着时间的推移，中国乡镇企业在发展中吸纳就业能力不断减弱。据统计，自 1984 年至 1988 年中国乡镇企业每年平均吸纳劳动力 1084 万人，但从 1989 年至 1997 年，每年平均只吸纳 460 万人，至于允许农民自带口粮进入集镇落户的政策，又与相应的配套措施不落实，其作用发挥并不明显。因此，正是在这样的背景下，在乡镇企业和集镇越来越难以更多地吸纳农村剩余劳动力的条件下，农村只能也应该将相当数量的剩余劳动力推向城市，特别是在 20 世纪 90 年代乡镇企业吸纳就业能力明显减弱以后，农村必然会把更多数量的剩余劳动力推向城市。

### 6.1.3 城市良好经济社会条件的拉力

长期以来，中国的城乡二元结构导致了城乡生活水平的巨大差异，2001 年世界银行发展报告的数据说明，中国少数民族人口只占全国总人口的 8.41%，但却占到了全国贫困人口的 40% 左右，在全国 592 个贫困县中，有 257 个是少数民族自治县（旗）。

据彭娜、王运松等人对中国民族八省区（内蒙古、广西、贵州、云南、西藏、青海、宁夏、新疆）的农村人均纯收入的恩格尔系数的计算可知①，这八个省区的农村人均恩格尔系数均在下降，其中西藏下降最快，2009 年与 2000 年的相对差距为 30%，青海的相对差距也达到 22%。

---

① 彭娜，王运松，聂思举，徐世英．我国民族地区城乡收入差异程度的实证分析［J］．中央民族大学学报（自然科学版）．2011（4）．

与此相对应，各省城镇居民人均可支配收入的恩格尔系数都要小于农村人均纯收入的恩格尔系数，从而说明民族八省区城市居民的人均生活水平要大大高于农村居民的生活水平。

民族地区城乡人民生活水平存在落差，而民族地区与东部沿海地区的城市生活水平差距则更大，因此，少数民族地区低收入群体向城市的流动是必然的。以广州市的穆斯林流动人口为例，迁入广州市前，穆斯林流动人口的月收入主要集中在“500 元及以下”和“500～1000 元”两个档次上且以 500～1000 元所占比例最高，几乎 4/5 的人收入在 1000 元以下，而且 500 元以下的比例极高。迁入广州市后，情况发生巨大变化，穆斯林流动人口的月收入主要集中在“500～1000 元”和“1000～2000 元”两个档次且以后者为主。城市良好的经济社会条件的拉力使少数民族流动人口不断涌向经济发达的城市。

### 6.1.4 地区经济发展不平衡的结构因素

中国幅员辽阔，地区之间的资源和环境状况都存在较大差别。从古至今，东部地区就因为其优越的地理环境和位置、便利的交通状况受到众多投资者的青睐，而国家的区域经济发展战略在一开始就向东部沿海进行了倾斜，从而导致东西部地区在资源占有和机会享有上的显著差异而从地区间生活水平的差异来看，西部，特别是少数民族地区由于基础设施落后，生活条件较差，文化生活相对贫乏，虽然近年来经济发展水平有了显著提高，但由于特殊的资源环境和传统的生产、生活方式的影响，当地居民的收入和生活水平仍然较低；而东部地区较高的工资收入、生活水准以及突出的文化优势和良好的发展前景，强有力地吸引着少数民族地区人口，尤其是青壮年人口的流入。2005 年，少数民族地区人均 GDP 为 11472 元，相当于全国平均水平（13956 元）的

82.2%，只相当于东部地区（23201 元）的 49.45%[①]。

从地区间就业机会差异看，西部地区虽然地广人稀，但由于开发时间较晚、发展能力不足，仍然面临着日益严峻的就业压力；而东部地区经济发展速度较快，创造的就业机会较多，对外部劳动力需求较大。因此，对少数民族地区大量剩余劳动力来说，向东部地区或周边经济发展较快的城市地区流动，就成为他们利用劳动力优势资源增加收入的一条重要途径。在少数民族人口向发达的城市地区流动的过程中，少数民族人口的收入和生活水平得到大幅度提升。东西部地区的经济发展水平存在的巨大差距，致使一些从中西部走出来的优秀人才也因为生活水平、工资待遇等问题而不愿意回到家乡工作。因此，地区之间生活水平和就业机会的差异造成了西部地区少数民族人口向东部地区流动规模的不断扩大。

从省际人口的地区流动来看，1990～1995 年迁入东部地区的人口占全国各省区人口流动总量的 65.09%，远高于中西部地区的总和。而 1995～2000 年人口向东部地区流动的趋势进一步加强，期间迁入东部地区的人口占迁移人口总量的 76.24%，较 1990～1995 年增加了十几个百分点。

### 6.1.5 全国的流动人口效应

一般而言，中国农村的人口流动首先始于那些人多地少的汉族地区。中国的浙江、安徽、河南、河北、四川等省向来是人多地少的地方，这些地区的农民迫于生计，曾在严格控制农村人口外流的那个年代仍有偷偷地外出，他们流落各地或讨饭、或做小买卖和经营手工业。农村实行联产承包责任制后，这些地区的农民愈加发现耕地的短缺和劳动力的过

---

① 吕红平，李英. 流动、融合与发展——少数民族地区人口流动研究［J］. 河北大学学报（哲学社会科学版）. 2009（6）.

剩，环境逼迫他们想其他办法赚钱糊口，其主要途径就是到他乡经商务工或做小买卖，人口流动渐成气候。

汉族地区人口流动早于少数民族地区。当初汉族流动人口的一部分就进入少数民族地区城镇经商务工，那些修钟表、修鞋、做家具的和建筑工地上的泥瓦木匠及小工几乎都是汉族流动人口。这些汉族流动人口不仅为民族地区生活带来诸多方便，而且带来了诸如勤俭、耐劳等合理的价值观和行为方式，这对当地少数民族起到了某种示范效应，其中也包括扩散人口流动信息的作用①。

随着全国人口流动大潮的兴起，少数民族的人口流动也在所难免。当人口流动如潮流在全国蔓延时，外地人口流入民族地区的数量就愈益增多，据有关统计，1990 年仅浙江省流入少数民族聚居八省区的人口就有约 10 万人，占该省流出省外人口的 12.5%。离民族地区相对远的浙江省尚且如此，距离民族地区比较近的省份流入民族地区的人数可想而知。外来人口给民族地区造成了较浓的商品经济氛围，其示范效应非常明显。我们从民族地区的经济市场看，经营日用百货和蔬菜、粮食、肉蛋等产品的第三产业和裁缝、修鞋、理发、家电修理等服务业市场许多被外来经商的流动人口所覆盖。外来人口给民族地区经济生活带来很大影响，从中得到启发的少数民族也开始流动，这样便出现了汉族地区和少数民族地区之间人口的“双向流动”，东部发达地区城市的少数民族流动人口也逐渐多起来。

### 6.1.6 少数民族自身素质的不断提高

新中国成立以来，在党和政府的扶持和帮助下，少数民族经济社会与文化得到了迅速发展，少数民族的整体文化和知识水平不断提高，眼界不断开阔，接受新事物、新挑战的

① 郑信哲. 略论我国少数民族人口流动及其影响 [J]. 民族研究. 2001 (1).

能力也有所提高，他们要改变少数民族地区长期处于封闭落后局面的心态和愿望愈加强烈。

另外，作为维系生存的一种手段，少数民族地区很早以来就存在带有初级商品经济性质的“赶场”、“赶集”等即时交易。改革开放以来，这种集市贸易点越来越多，规模越来越大，可以说，这是少数民族人口流动的最初训练场。而且中国的回族、维吾尔族等很早以来就具有经商的传统。

此外，改革开放后少数民族成员通过到国内大中城市读书、旅游，参观、探亲等形式逐渐加强了与外界的联系，在对外接触过程中他们越来越深刻地认识到自身落后的重要原因之一就是自我封闭性，而要改变这种局面的途径就是走出来。

### 6.1.7 政府组织的劳务输出

随着改革开放进程的不断深入，中国出现了人口大规模跨地域流动，西部地区农村劳动力进城务工开始成为中国农村劳动力转移的重要组成部分。在沿海地区劳动力和经营成本逐步提高的环境下，许多劳动密集型企业开始进入中部甚至西部边疆地区以降低成本。同时，西部地区农村存在大量的亟待解决就业问题的农村人口，近几年来，由政府组织的集体劳务输出为西部的少数民族人口提供了就业和脱贫机会。

据马戎调查，2006 年喀什地区有 21771 名经过培训的农民工进入北京、浙江、天津、山东等省市务工。疏附县 2007 年上半年疆外输出集体务工人员 4000 多人，工资最低每月 700 多元，最高的达 1700 多元。目前劳务输出已经成为当地政府工作中的一项主要内容，各级干部的政绩考核也开始与劳务输出指标挂钩。

据商务部网站披露[①]，宁夏固原自发的劳务输出经过积极引导和鼓励得到了循序渐进地发展，已逐步由农民灾年自发外出的副业型向规模化、组织化输出转变，经历了从小到大、由弱到强的过程，现已成为增加农民收入的一条最直接、最快捷和最有效的途径，成为全市和各县（区）旱涝保收的“铁杆庄稼”。据统计，从1997~2002年的6年间，全市（含当时管辖的海原县）共输出劳动力270多万人（次），累计实现劳务创收26.8亿元，全市输出的劳动力遍及全国10多个省、自治区和直辖市。

## 6.2 城市少数民族流动人口的特征

### 6.2.1 分布呈多、广、散，流动形式无序多于有序

当前，少数民族流动人口的居住地域已打破改革开放初期仅限于局部沿海发达城市的格局，呈现向全国各大、中城市流动的态势，他们散居在汉族和其他民族之中，成为城市中的一个重要群体。据资料显示，1990年在全国31个省、市、自治区中，55个民族成分都有的只有北京市；到2000年已达11个省、市、自治区；到2009年，有50个以上少数民族成分的省、市、自治区已上升为28个，且这些省、市、自治区的大中城市的少数民族人口还在迅速增加。

从流动形式上看，无序多于有序。所谓有序流动，是指通过有关政府部门或单位招工、输送至城市有关部门或企业的少数民族流动人口。无序流动，则是指大多数个体商贩及

① 固原劳务输出的历史成效和现状［OL］. 商务部网站. http：//finance. sina. com. cn/roll/20050616/1047131566. shtml. 2005－06－16.

无身份证、无工作证、无暂住证的所谓“三无”人员。而从现状看，城市少数民族流动人口中的无序流动人口数量远远超过有序流动人口，并且这种情况有上升的趋势。其中，有相当数量的少数民族青壮年流动人口属于盲目流动范畴，他们很难通过正常渠道在流入地获得生存和发展，有的甚至走上违法犯罪道路。这种现象给流入地的社会治安带来了较大压力，同时也造成了流入地对部分少数民族的戒备和歧视等问题的产生，成为当前城市少数民族流动人口管理的一个难点。

### 6.2.2 数量呈逐年上升趋势，在所在城市少数民族人口中所占比例逐年提高

少数民族流动人口增速快，很多城市出现从无到有，由少到多。有学者估计，目前在中国城市中流动的少数民族人口已达3000多万人，是1990年的10倍，而且还在不断地增长①。有数据表明，1990~2000年广东省少数民族人口年平均增长速度高达13.8%。到2005年居住半年以上的少数民族流动人口已达到98万人，比2000年增加了31万人。其中广州达到22.18万人，比2000年增加了11.2万人；深圳达到34.56万人，比2000年增加了14.29万人；东莞达到20.14万人，比2000年增加了4.2万人。又如，青岛改革开放前朝鲜族人口不超过150人，据青岛市民族宗教部门估算，截至2007年5月，青岛市仅朝鲜族常住人口就达24万人。

以上海市为例，近年来上海市少数民族流动人口数量增长迅速，2000年“五普”时为4.39万人，到2005年1%抽样调查时已发展到8.16万人，而到2009年底更是增至

① 肖斌. 对当前我国城市少数民族流动人口问题的思考［J］. 聊城大学学报（社会科学版）. 2011（2）.

19.48万人。同期，少数民族流动人口占上海市流动人口总数的比重也由2000年的1.1%提高到2009年底的2.8%，并且，少数民族流动人口数已超过有本市户籍的少数民族人口数。

登记数据表明，上海市少数民族流动人口中，人数较多的民族有土家、回、苗、朝鲜、壮、满、侗和蒙古族，所占比重分别为16.7%、14.8%、12.0%、11.2%、8.1%、6.9%、4.4%和3.6%，其中土家族数量最多。而人口数量较少的27个少数民族，其所占比重仅为1.5%。

依据北京市“六普”统计数据，2010年北京外来少数民族流动人口为28.1万人，占北京市常住少数民族人口的35.1%，比2000年增加了18.8万人。55个少数民族都有外来人口在北京生活。2010年北京市外来少数民族人口中，人数较多的民族为满族、蒙古族、回族、朝鲜族、土家族，分别占外来少数民族的41.3%、15.6%、12.8%、9.5%和5.5%，这五个少数民族占全部外来人口的84.7%。目前北京市外来少数民族人口主要从事商贸、流通领域的工作，因此在首都核心功能区和远郊生态涵养区比例较低，在城市功能扩展区和城市发展新区比例较高。

### 6.2.3 青壮年流动人口占绝大多数，性别有一定差异

流入城市的少数民族流动人口主要以青壮年为主。上海市公安局2009年登记数据表明少数民族流动人口从年龄结构看，在沪少数民族流动人口绝大多数为劳动年龄人口，其中又以年龄段在15~39岁者居多，他们在这一人口总数中所占比例达73.4%。此外，40~59岁者占12.0%，14岁及以下儿童占13.6%，而60岁及以上老年人比例较低，仅占总体的1.0%。从性别看，上海市少数民族流动人口性别比均衡，男性占50.1%，女性占49.9%。

依据“六普”数据，北京市少数民族外来人口中15～59岁的人口占87.4%，维吾尔族和藏族流动人口中有超过一半的人口集中于15～24岁。从性别比上看，满族、回族、蒙古族、朝鲜族、土家族、壮族、维吾尔族、藏族外来人的性别比分别为102.2，102.2，94.5，90.1，105.0，97.0，106.8，109。可见来京的满族、回族、土家族、维吾尔族、藏族外来人口中男性多于女性，而来京的蒙古族、朝鲜族、壮族中女性多于男性。

### 6.2.4 总体受教育程度高于流出地平均水平，但低于流入地平均水平

依据统计数据，城市中少数民族流入人口的平均受教育年限普遍较低，低于流入地的平均受教育水平，一般只有小学或初中文化，还有的未上过学。但是，通常高于流出地的平均受教育水平。

依据“六普”数据，北京市外来少数民族的平均受教育年限低于北京市外来人口平均受教育年限。少数民族外来人口中，朝鲜族过半数受过高等教育，蒙古族和壮族受过高等教育的比例超过40%，但是部分少数民族平均受教育年限较低，比如，苗族和维吾尔族外来人口中受过高等教育的只有26.8%和15.6%，相对较低。

上海市公安局2009年登记数据表明，上海市少数民族流动人口中，90.0%接受过初中教育，大专及以上受教育程度者比例较高，达到17.6%，小学及以下文化程度的比例仅为1.0%。可见，在沪少数民族流动人口的文化素质远高于其来源地的总体状况。但这一受教育水平存在民族差，回、壮、侗、土家、苗5个民族的受教育水平相对较低，初

中及以下文化程度比重都占到70.0%以上，有的甚至超过85.0%①。

据江苏省抽样调查显示，江苏省少数民族流动人口的整体受教育水平较低，接近半数的少数民族流动人口还没有达到义务教育水平；江苏省流动人口中小学及小学以下文化水平的人口占22%，而少数民族流动人口中，小学及小学以下文化水平的人口高达46.2%②。

### 6.2.5 少数民族流动人口具有鲜明的职业特色，但就业范围比较单一

少数民族流动人口的职业领域具有浓厚的民族特色，但就业范围比较单一，主要从事民族餐饮业、出售民族土特产品和工艺品及建筑、加工等行业。

少数民族流动人口首先是以其熟悉的农牧产品、尤其是民族传统饮食品打开市场，因而具有浓厚的民族特色。如今，我们一提起葡萄干、羊肉串，首先会想到维吾尔族，提起辣白菜、冷面就会联想到朝鲜族。一些民族风味食品在许多城市得到广泛普及，为人们所喜爱。以民族传统食品为品牌的餐饮业在许多城市也已经形成一定气候，人们随处可见打着新疆维吾尔族风味、东北朝鲜族风味、西南傣族、苗族风味等风味旗号的餐饮业场所。据北京市“六普”统计数据，北京市的外来少数民族主要从事商业、服务业、生产和运输行业”，特别是在京的维吾尔族外来人口中有74.7%从事商业和服务业，从事住宿餐饮业的达到60.3%。

另外，沿街经营民族特色产品也是少数民族流动人口的一种从业特点。随着民族地区少数民族人口不断流动，出现

① 汪志，高向东，黄丽鹏．上海市少数民族流动人口生存发展状态探析［J］．南京人口管理干部学院学报．2011（1）．

② 肖斌．对当前我国城市少数民族流动人口问题的思考［J］．聊城大学学报（社会科学版）．2011（2）．

了随身携带民族地区土特产品沿街买卖的少数民族成员。不论在北京，还是在东南沿海城市和北方城市，都可以看到维吾尔族人经营葡萄干、切糕、哈密瓜等；穿着藏袍，卖藏刀、中草药或牦牛角的藏族外来人员；也可以看到穿民族服装，卖少数民族镀银首饰和茶叶的苗族妇女等。

### 6.2.6 少数民族流动人口倾向于“大分散、小聚居”，形成少数民族流动人口聚落

当前，少数民族流动人口广泛分布在全国各大，中城市中，居住情况比较复杂。有一部分流入城市的少数民族人口由于语言、宗教信仰、生活习惯、民族认同感等原因和互相扶持的需要，他们比较喜欢聚居，以家庭、亲朋好友为主或以同乡、同民族为主的聚居现象较为普遍，带有明显的地域性和民族性。比如广东省的少数民族流动人口，壮族主要聚居在临近广西的湛江、茂名、云浮、肇庆等城市；土家族主要聚居在惠州市；朝鲜族主要聚居在深圳市；而来自西北地区从事清真餐饮业的回族个体户，则常以一个家庭加上亲朋好友、同乡、同民族相对聚居①。同时，某些城市的近郊或城市少数民族的传统社区往往形成了一些相对集中的聚落区域。比如，北京的牛街、望京、甘家口、魏公村，上海的江湾地区，武汉的二七街，都是少数民族流动人口相对集中的地区。

此外，随着城市旅游业的发展，一些大中城市注重开发少数民族人文景观，兴建了民族园、民族村、民俗村等景点，并招收大批少数民族人员，也促成了一些少数民族聚居地的形成。中国少数民族以其独特而丰富的历史、文化、习俗等人文景观为世人所称道。改革开放以来，随着国家旅游

① 吕红平，张呈琮等．中国少数民族地区人口状况研究［M］．中国社会科学出版社．2010．第323页．

事业的迅速发展，少数民族丰富的人文景观也逐渐得到开发，而许多大城市在城区建设的“民族园”、“民族村”便是其中一景。这些景点不仅把具有特色的少数民族民居、风俗、传统文化按原样搬进城市，而且还招收大批少数民族人员进行歌舞和民俗等表演。这些少数民族人员尽管隔一定时间进行轮换，但仍然保持一定数量的少数民族成员长期居住于此，因而形成了至少几百人的多个少数民族集中居住的场所。

### 6.2.7 西部地区少数民族妇女通过婚嫁而迁至东部地区的现象增多

20世纪80年代以后，随着汉族和少数民族人口的“双向流动”，出现了西南、西部民族地区的许多少数民族妇女嫁给沿海地区汉族的事例。特别是汉族流动人口到民族地区经商做工中广泛接触少数民族，一些人娶少数民族妇女为妻，并把她们带回。之后，又经先嫁之女的介绍，陆续召来婚嫁而进的少数民族妇女。例如，自改革开放以来，上海市共有615名少数民族妇女婚嫁而进，她们来自28个省、市、自治区，包括26个民族成分；浙江省绍兴县福全镇1998年有纳西族113名，其中108名是80年代以后婚嫁迁入的妇女①。

### 6.2.8 跨省区流动主要由不发达省区向发达省区流动，并适当就近流动

由于少数民族主要居住在中国广大西部不发达省区，伴随着人口流动的大潮，少数民族流动人口主要从乡村流入城

---

① 肖斌．对当前我国城市少数民族流动人口问题的思考［J］．聊城大学学报（社会科学版）．2011（2）．

市，从西部不发达省区流入中、东部发达省区。

依据2010年北京市"六普"数据，北京市的少数民族外来人口主要来自北方，流入比例较高的省份是河北、内蒙古、吉林和黑龙江，分别占北京市少数民族外来总人口的29.2%，13.8%，11.1%和8.4%。

上海市少数民族流动人口来自全国各地，2009年，来源地排名前10位的依次是：贵州、湖南、吉林、云南、安徽、广西、江苏、湖北、重庆、浙江，来自上述省区的少数民族流动人口所占比重分别为13.3%，6.8%，6.1%，5.9%，5.4%，5.2%，5.0%，4.7%，4.7%，其数量占在沪少数民族流动人口总数的62.9%①。

### 6.2.9 在城市适应性方面面临较大的压力

城市少数民族流动人口不仅要面临城乡文化冲突和融合问题，而且也要面临与其他民族的冲突和融合问题；不仅要突破城市户籍制度、单位制度等障碍，还要突破民族文化、风俗习惯和语言等障碍，因此，与汉族流动人口相比面临的困难更大。而从民族心理上看，少数民族流动人口在城市里无论是在人口数量上，还是在社会生活中都处于绝对少数，是易于受到伤害的"弱势群体"，心理较为敏感、脆弱。这也造成了当前中国城市民族工作中的两个"不适应"现象：一方面流入城市的少数民族人口不适应城市的生活，一时很难融入城市社会生活；另一方面城市对大量涌入的少数民族人口不适应。难免存在不理解、不接受的心理，甚至出现歧视的现象。

---

① 汪志，高东，黄丽鹂. 上海市少数民族流动人口生存发展状态探析［J］. 南京人口管理干部学院学报. 2011（1）.

## 6.3 城市少数民族流动人口对流入地的影响

### 6.3.1 促进了城市经济社会的发展，特别是商业、服务业和生产运输等产业的发展

当前，伴随着城市化进程的深入，中国形成了大规模的民工潮，这既是城市经济社会发展的真实反映，也是城市劳动力市场需求的现实反映。包括少数民族流动人口在内的大量廉价劳动力进入城市，既满足了城市对普通劳动力的需求，又扩大了城市消费市场，直接促进了城市经济社会的发展，成为中国城市化进程的重要推力。

依据《中国2000年人口普查资料》长表资料，1995～2000年各少数民族自治区流动人口[①]（流入城市后，有固定的住所和工作，虽然户籍没有变动，但已不再回原居住地的人口）的职业构成中（见表6－1），位列前三位的职业是商业、服务业人员，农、林、牧、渔、水利业生产人员，和生产、运输设备操作人员及有关人员。由此可见，各少数民族迁移和流动人口对城市的商业、服务业、生产运输业以及农业等产业的发展起到了极大的促进作用。笔者在本书第四章第六节依据《中国2010年人口普查资料》对中国民族八省区省内流动人口的就业分析也得到了基本相似的结果，民族地区流动人口主要从事的职业为商业服务业（32.96%）、生产运输业（28.74%）和农业（15.27%）（见表6－1）。

---

① 吕红平，张呈琮等．中国少数民族地区人口状况研究［M］．中国社会科学出版社．2010．第323页．

**表 6-1 1995~2000 年五个少数民族自治区迁移人口职业构成** 单位:%

| 职业 | 内蒙古 | 广西 | 西藏 | 宁夏 | 新疆 |
|---|---|---|---|---|---|
| 国家机关党群组织、企事业单位负责人 | 3.92 | 2.91 | 4.82 | 3.03 | 3.07 |
| 专业技术人员 | 13.22 | 13.75 | 17.09 | 11.68 | 10.07 |
| 办事人员和有关人员 | 7.42 | 6.51 | 8.30 | 5.31 | 5.80 |
| 商业、服务业人员 | 22.66 | 25.18 | 37.59 | 21.25 | 23.17 |
| 农、林、牧、渔、水利业生产人员 | 20.31 | 26.37 | 13.92 | 34.35 | 27.37 |
| 生产、运输设备操作人员及有关人员 | 32.30 | 24.86 | 17.67 | 24.28 | 30.40 |
| 不便分类的其他劳动者 | 0.17 | 0.42 | 0.60 | 0.10 | 0.12 |

### 6.3.2 促进了城乡的商品流通

少数民族流动人口在流入城市的过程中，极大地促进了城乡地区、东部与西部地区之间的商品流通。少数民族流动人口对促进城乡商品流通的贡献主要表现在：一方面，少数民族迁移就业和创业者将当地的土特产品运到城市进行销售，比如，新疆维吾尔族将葡萄干和果脯，福建畲族将茶叶，贵州苗族将银饰品，藏族同胞将藏刀、藏药、牦牛头骨等工艺品，携带到各个城市进行推销；另一方面，少数民族迁移就业和创业者将沿海地区的轻工产品，如丝绸、布匹、鞋袜、人造羊绒、小轿车等，运回民族地区销售，甚至出口。比如，一些北方少数民族同胞将当地产的皮革制品运来江苏销售，将江苏的丝绸、布匹、鞋袜等产品运回本地销售。又比如，一位新疆维吾尔族商人从 1998 年起与江苏盐城市宏大集团签订了常年收购合同，每年都收购 20 多万元的人造羊绒，销往哈萨克斯坦①。

① 张继焦. 城市民族的多样化——以少数民族人口迁移对城市的影响为例 [J]. 思想战线，2004 (3).

### 6.3.3 增进了各民族之间的了解，民族交往和民族关系得到进一步发展

少数民族人口大量进入城市，促使民族交往和民族关系得到进一步发展。我们知道，民族间的交往是民族关系发展的一个重要前提。改革开放以来，大量的少数民族流迁人口进入城市，也有大量的汉族进入少数民族地区的城市，这是一个多民族国家经济社会发展进步的必然结果，它不仅促使物流和人流得到加强，还不断地打破地区和民族的壁垒，使各民族间形成前所未有的直接交往，这是良好民族关系发展的必然要求。而只有这样的关系才是现实而有效的，也才是真正“谁也离不开谁”的关系。

少数民族人口在城市中的流动，改变了城市原有的民族结构，加速了城市多民族化特征的形成，密切了民族间的交流与合作，巩固和发展了汉族与少数民族的良好民族关系，有利于增进各民族对祖国的认同感和归属感，有利于促进各民族的共同发展与进步，有利于民族团结和社会稳定。

### 6.3.4 丰富了城市的物质和精神文化内涵，加速了城市多民族化和文化多元性

少数民族人口向城市的迁移与流动，加速了城市多民族化和文化多元性趋势的形成。随着少数民族人口的流入和聚集，城市里的少数民族成分日益增多，同时加速了不同特色的民族文化在城市的汇集，极大地丰富了城市文化的民族内涵，为城市文化的发展注入了生机和活力，从而促进了城市文化多元性趋势的形成。

少数民族迁移就业和创业使城市文化的多元化最常见的事实就是发展民族风味饮食业。有各式各样的清真饭馆、傣家酒楼、朝鲜冷面馆，有蒙古烤肉店，还有苗寨风味菜、维

吾尔族羊肉串，等等。比如，在太原，2000 年时，个体少数民族企业就有 200 余个，其中大部分经营的是清真、土家族、傣族、朝鲜族、满族和维吾尔族等民族特色饮食。这些少数民族风味的饮食文化，与汉族的京味、粤味、川味、鲁味等并存，与麦当劳、肯德基等洋快餐相互辉映。这些民族风味餐馆不但建筑外观体现民族风格，而且各色食谱具有民族特色，还同时给来宾展示民族歌舞，构成了促进城市多元文化的重要组成部分。

再比如，在北京市、昆明市、深圳市设有 3 个民族村，在 3 个民族村中担任演职服务的工作人员，主要是从少数民族地区招聘来的各族青年。他们每两年一轮换，每个民族村约有数百名。比如，中华民族园建成了 46 个民族景区、100 处民族景观、200 座民族建筑、收藏了 10 万件少数民族文物和用品。在上述硬件设施的背景下，来自各地的少数民族载歌载舞，展示自己本民族的传统舞蹈、音乐、民俗和礼仪等，形成了现代城市中一道道原汁原味的民族文化佳肴。这些民族村极大地丰富了城市人民的精神文化生活，同时向海内外游客展示了中华民族的多元文化，也是同一民族寻求文化认同文化象征的场所，并且促进了不同民族的相互了解以及相互欣赏。

### 6.3.5 少数民族流动人口对城市的消极影响

少数民族人口在城市的流动，在给城市经济社会发展带来活力的同时，也导致了城市民族关系的复杂化，给城市发展带来了一些新的社会问题，在一定程度上增加了城市的不稳定因素。

**1. 增加了城市公共管理的难度**

由于目前我国城市尚未针对流动人口建立起有效的组织管理机制，诸多流动人口的涌入，给城市带来了一系列公共管理问题。包括少数民族人口在内的城市流动人口大量增加，给城市交通、市政公用设施、环境卫生等带来巨大压力，使城市的基础设施超负荷运转。同时，由于民族问题具有特殊性、敏感性、复杂性，这也给城市公共管理带来新的难点。由于城市少数民族流动人口“三低”、“三强”现象的同时并存，即文化水平、公民意识、经济收入相对较低，而宗教意识、自我保护意识、维权意识又相对较强，这对公共管理中如何平衡“合法”与“适度”的关系带来了一定的挑战。

**2. 增加了城市社会治安的压力**

少数民族流动人口进入城市，绝大多数是从事正当的务工经商活动的，但少部分少数民族人口的无序和盲目流动，也给城市社会治安带来了压力。比如，少数民族流动人口中的“三无”人员问题、与城市社区居民的相处问题、自身安全保障问题等等。他们当中也有极少一部分人，由于一时无法就业，无法保障正常的生活来源，于是做出一些诸如盗窃、吸毒、贩毒等违法行为，成为影响城市社会安定的一大隐患。据有关资料显示，广东、上海、浙江、湖南等省市，2000年以来所发生的影响民族关系和社会治安的大小事件就有900多起，80%涉及少数民族流动人口①。

**3. 增加了合法权益保护的困难**

由于当前我国多数城市自身功能不完善，城市吸纳外来流动人口的能力极其有限，同时由于受我国城乡二元结构、户籍制度的限制，加上我国流动人口管理机制的极度滞后，城市少数民族流动人口与其他流动人口一样，其合法权益往往被忽视。有些甚至受到了不公正的对待。应该引起注意的

① 肖斌. 对当前我国城市少数民族流动人口问题的思考［J］. 聊城大学学报（社会科学版）. 2011（2）.

是，由于绝大多数城市少数民族流动人口属于低端人群，他们除了流动人口普遍存在的困难和烦恼外，还存在语言障碍、风俗差异等特殊困难和心理适应问题，是现代社会中特别弱势的群体。在城市中，他们无法与城市市民一样平等地享受到相关的社会保障和社会福利，其劳动就业权、技能培训权、休息权、子女的文化教育等权利也受到种种限制。同时，其他世居少数民族所能享有到的城市民族工作条例、城市民族工作办法、城市少数民族权益保障法所赋予的各种权利他们也无法平等地享有。

**4. 增加了影响城市民族关系的不稳定因素**

随着少数民族流动人口的增加，各民族在交往的过程中引发的矛盾和摩擦也在不断增多，使民族关系变得更加复杂。一些城市由于对我国少数民族政策学习宣传不够，少数城市居民由于对少数民族缺乏了解，在传统的民族歧视的残余观念影响下，对少数民族流动人口采取了一种排斥的态度。比如，不尊重少数民族风俗习惯和宗教信仰；有的地方媒体甚至出现违反民族政策、歪曲和丑化少数民族形象等现象；一些窗口行业和单位由于民族观念和服务意识淡薄，对少数民族存在歧视，有的宾馆、酒店、出租车公司担心少数民族会滋事惹麻烦，“拒住”、“拒载”现象时有发生；一些城市还存在着信仰宗教的少数民族群众过正常宗教生活与城市现有宗教场所不足的矛盾问题。由于城市集聚性和辐射性较强，一些偶然事件往往容易扩大、甚至扭曲而导致群体性事件，产生较大的社会冲击力。从而影响到城市民族关系和社会稳定。据统计，2001～2005年，上海市共发生涉及少数民族的纠纷和冲突210起，其中涉及来沪少数民族人员的有166起，占总数的79.06%；2006年上半年，共发生涉及少数民族的纠纷和冲突35起，其中涉及来沪少数民族人员的有30起，占总数的85.71%[①]。

## 6.4 城市少数民族流动人口对流出地的影响

少数民族流动人口的流出，一方面缓解了流出地的就业压力，有利于流出地进行产业结构的调整；另一方面流动人口回流时又带回资金、技术支持流出地的经济建设，从而大大加快了民族地区的城市化进程。

### 6.4.1 推动了民族地区的城市化进程

以四川省的少数民族自治州为例，2005年，四川省农业劳动力占全社会劳动力的比重为51.5%，其中阿坝州农业劳动力占全社会劳动力的65.4%，甘孜州农业劳动力占全社会劳动力的82.0%，凉山州农业劳动力占全社会劳动力的75.6%。而从世界范围的现代化来看，一个国家的农业现代化的重要标志就是农业劳动力占全社会劳动力的比重应降到20%以下。可见四川省的这三个自治州农业劳动力占全社会劳动力的比重远远超过了20%的比重。随着四川省和四川少数民族自治州的农村劳动力的转移，到2011年，四川省农业劳动力占全社会劳动力的比重下降到42.7%，其中阿坝州农业劳动力占全社会劳动力的比重下降到57.73%，甘孜州农业劳动力占全社会劳动力的比重下降到70.55%，凉山州农业劳动力占全社会劳动力的比重下降到

① 肖斌．对当前我国城市少数民族流动人口问题的思考［J］．聊城大学学报（社会科学版），2011（2）．

67.33%，分别比2005年下降了8.8，7.7，11.4，8.3个百分点（见表6－2）。可见，民族地区农村少数民族人口向城市不断流入，极大地促进了民族地区的城市化进程，促进了民族地区的经济发展和社会变迁。

**表6－2　2005、2011年四川及省内三个自治州第一产业从业人口及比例**

单位：万人,%

| 指　标 | 年份 | 四川全省 | 阿坝州 | 甘孜州 | 凉山州 |
|---|---|---|---|---|---|
| 社会从业人员（万人） | 2005 | 4702.0 | 49.1 | 58.4 | 248.4 |
| | 2011 | 4785.5 | 54.4 | 66.6 | 291.6 |
| 第一产业人员（万人） | 2005 | 2421.5 | 32.1 | 47.9 | 187.7 |
| | 2011 | 2043.4 | 31.4 | 47.2 | 196.3 |
| 第一产业从业人员比重（%） | 2005 | 51.5 | 65.4 | 82.0 | 75.6 |
| | 2011 | 42.7 | 57.7 | 70.6 | 67.3 |
| 下降比重（%） | | 8.8 | 7.7 | 11.4 | 8.3 |

资料来源：四川省统计局：《四川统计年鉴2006》、《四川统计年鉴2012》，四川省统计局网站。

### 6.4.2　增加了外出人口的经济收入，带动了民族地区各项事业的发展

大量少数民族人口的迁移与流动，推动了民族地区的城市化进程。少数民族流动人口不仅依靠“外出打工”增加了收入，而且还实现了脱贫致富。“打工经济”对少数民族地区的经济发展、增加农民收入有着举足轻重的作用，有些地方甚至出现“一人打工，全家脱贫”。同时，少数民族人口流动与迁移所带来的资金回流，也极大地提高了农民的市场购买力，带动了民族地区各项事业的发展。

一方面，干群关系得到了缓解。有许多农村干部发现，随着外出务工经商的农民工的增加，农村也出现了如土地撂荒、集体提留缴不上来的情况，但是，过了一两年后，大批

打工者把钱寄回家，集体提留等比过去省事多了，过去因上缴各种税款而造成的干群关系紧张的状况得到了缓解。另一方面，社会事业也容易办了。在一些穷山村，如学校、养老院、修路、修桥等社会事业，过去几乎是无从谈起；但随着外出打工者收入的增加，他们除了自己盖房子外，也开始关心社会事业了。某贫困县一位打工者，打工后深深感到，没有文化、没有技术是不行的，所以决心让自己的孩子及村里其他孩子学习文化；他用所有务工积攒的钱回家办了一所中学，并且每年从在外打工收入中拿出绝大部分解决学校的日常开支。可见，少数民族人口的流动，不仅减轻了政府的就业压力，还为他们的家乡建设作出了很大贡献。

中国常年流动着大量的农村劳动人口，他们不仅开辟了农村剩余劳动力的就业渠道，为常住地政府减轻了就业压力，而且汇回了数量可观的劳务收入，支援了家乡建设。民族地区的人口迁移流动同样为解决民族地区人民的就业，提高生活水平作出了极大贡献。同时伴随着大量的资金回流，带动了民族地区各项事业的发展。

### 6.4.3 优化了民族地区农村的产业结构

民族地区农村剩余劳动力外出打工，使人均土地面积增加了，减轻了有限土地的压力，为产业结构的调整创造了条件和可能。此外，由于大部分少数民族流动人口在流入地从事第二、第三产业，在城市接受现代文明的洗礼与熏陶，城市的现代文化与理念在他们的脑海中或多或少留下了痕迹，不但开阔了眼界、增长了见识，而且他们的经营、管理能力也得到了提高。随着城市竞争的加剧，一些具备一定知识和技能的少数民族流动人口返乡寻求机会，他们已不再满足于农业耕种，他们利用自己学到的技术，积极寻求务工、经商的机会，他们或从事个体经济，或创办、领导乡镇企业，总之开始转变自己的社会角色，进而也优化了农村的产业结构。

### 6.4.4 转变了民族地区的婚育观念，降低了生育率

人口流动可以促进知识、信息的交流和思想观念的转变。育龄人口的流动，可以促进农民群众转变婚育观念，推迟初婚、初育时间，从而降低生育率。据中国社会科学院人口研究所对全国74个城镇人口迁移和流动抽样调查，1949~1987年的38年间，从农村迁入城镇的妇女平均终身生育子女数比同年龄组的城镇“老住户”低7个百分点；又据曾毅的预测，2000年通过农村人口向城市迁移与流动，中国将少生800万人，2020年将少生3800万人，2030年将少生1.33亿人。据学者对少数民族流动人口的调查发现，尽管其中一些人口按照“计划生育办法”可以生育三个孩子，但他们大多数选择只生两个。

少数民族人口流动后，养育子女的成本—收益情况发生了巨大的变化，子女不再是一种“防老”的投资，养育子女也不再是一件可以获得经济效益的事。同时，城市对劳动力的要求是质量重于数量，为了使子女能够在社会上立足，父母用于子女教育上的花费很大，存在“养多也养不起”的现象。同时，少数民族人口流动到城市后，大大减弱“香火”、“传后”的传统意识，使他们的生育观念和生育行为发生了根本的变化。此外，可能由于流动造成分居现象增多、婚姻推迟，因此有助于降低人口出生率。据调查，少数民族流动人口的年龄大多在18~39岁（女性流动人口的年龄大多在15~29岁），正是婚育年龄，他们的婚恋和生育行为模式会对总和生育率产生很大的影响。流动人口客观上受经济利益的驱使，往往会推迟结婚和婚育的年龄，主观上，受城镇文明的陶冶，他们也会慢慢响应国家“晚婚、晚育、少生、优生”的政策号召，这将有利于少数民族地区总体生育水平的控制。

### 6.4.5 有助于农村人口素质的提高，有利于促进城乡的融合

农村现代化首先表现为农民的现代化，没有现代化的农民，就没有现代化的农业和现代化的农村。因此，在农村现代化的进程中，传统意义上的个体农民应当逐步转变为用现代科学技术武装起来的以市场为导向的日趋文明化的现代职业群体。受改革开放大潮的推动作用，尽管传统农民正在向现代化农民转变，但由于历史和现实的原因，民族地区的农民在心理和行为方面都残留着与现代化要求格格不入、相去甚远的因素。仍然是以家庭为中心，以乡村集市为活动半径，生产产品自给自足，社会关系靠血缘亲情维系，伦理道德成为人们评价事物的唯一尺度，人际交往主要以“熟识性”连带效应而构成。在这种状态下，农民的行为方式、价值观念、社会心理等与市民的行为方式、价值观念和社会心理等相去甚远，并且形成强烈反差。

随着少数民族人口流动到城市，他们的商品经济意识会大大提高，胆识和进取心会进一步增强。他们从最初进城为了温饱，到后来为了过上“像样的城里人生活”的压力和动机会促使他们改变民族地区人们那种小富即安、不思进取的观念，从而增强他们的创业冲动、攀比意识、竞争观念和风险精神。同时，在社会活动实践中，直接受到现代工业和城市文明的熏陶，开阔了视野，学到了本领，“既挣了票子，又换了脑子”，还可以使他们的劳动技能和管理水平得到进一步的提高，他们也重视文化教育和职业技术培养，提高自身素质。此外，少数民族人口流动会诱导他们注重智力投资，对未来人口文化教育水平产生诱导效应。

### 6.4.6 有助于巩固和发展平等、团结、互助、和谐的民族关系

1990年，江泽民同志指出：“民族、宗教无小事。”① 2005年5月，中央民族工作会议暨国务院第四次全国民族团结进步表彰大会在北京召开，胡锦涛同志发表了重要讲话，这次会议，第一次把“各民族共同团结奋斗、共同繁荣发展”确立为新世纪新阶段中国民族工作的主题；第一次把“和谐”同“平等、团结、互助”一道确立为中国社会主义民族关系的本质特征和做好新形势下民族工作的“八字方针”。这是构建社会主义和谐社会的要求在民族工作中的具体体现，为处理新形势下的民族关系进一步指明了方向。胡锦涛同志指出：“民族关系是多民族国家中至关重要的社会关系。正确处理民族问题，使各民族人民和睦相处、和衷共济、和谐发展，对于我们建设社会主义物质文明、政治文明、精神文明与和谐社会，具有十分重大的意义。”②

少数民族人口的大量迁移与流动，将促使民族交往和民族关系得到进一步发展。而民族交往是民族关系发展的一个重要前提。改革开放以来，大量的少数民族人口迁移或流入城市，也有大量的汉族进入少数民族地区的城市，这是一个多民族国家经济社会发展进步的必然结果，它不仅促使物流和人流得到加强，还不断地打破地区和民族间的壁垒，使各民族间形成前所未有的直接交往，这是良好民族关系发展的必然要求。而只有这样的关系才是现实而有效的，也才是真正“谁也离不开谁”的关系。

---

① 江泽民．在听取全国民委主任会议汇报时的讲话［N］．人民日报．1990－02－16.

② 胡锦涛．在中央民族工作会议暨国务院第四次全国民族团结进步表彰大会上的讲话［N］．人民日报，2005－05－28：1.

### 6.4.7 少数民族流动人口对流出地的负面效应

少数民族地区的人口流动对当地经济和社会各方面带来积极效应的同时也带来了部分负面效应：

**1. 对地区农业发展的负面效应**

由于少数民族青壮年劳动力的大量迁移与流动，在家务农的农民大都是老人和妇女，由于这部分人口的整体素质相对于那些外出务工人员低，对农业发展的负面影响可想而知。据陶斯文等人在四川省康定的调查发现，某村100多户籍人口，但常年居住在村中的仅30余人，其中青壮年劳力不足10人①。青壮年劳动力的大量外流，在一定程度上制约了农村经济的发展，不仅导致了部分农村土地抛荒现象的时有发生，而且也影响了农村产业结构的调整。

**2. 对家庭的负面效应**

据统计农村流动人口家庭中70%以上是男性一方外出，留守妇女要承担起生产劳动、家务劳动、教育子女、赡养老人的重任，面临着劳动强度高、精神负担重、缺乏安全感的三重压力。长期分居造成精神寂寞、苦闷，以及婚姻的不稳定。据调查，少数民族流动人口家庭的离婚案件呈上升状态，离婚原因几乎都与外出有关。

随着民族地区农村越来越多的青壮年劳动力走入城市，同时也随之产生了一个特殊的未成年人群体——农村“留守学生”。父母进城务工经商了，孩子交给了祖辈、上辈或同辈。在留守人员子女的教育上普遍存在大量的问题。

少数民族流动人口进城后，一方面促进了城市的年轻化，另一方面，则是导致了民族地区农村的老龄化，使农村

---

① 陶斯文. 四川少数民族流动人口研究［M］. 民族出版社. 2007. 第168页.

社会少了朝气，显得衰颓。关于留守老人，不管是留守还是空巢，都有一个养老问题。

3. 对民族地区社区管理的负面效应

民族地区由于大量年轻人的外出，留下的人很多缺乏社区认同感。由于不少居民对社区建设存在的模糊认识，因此，对社区的认同感较差，多数居民不愿参加社区活动，社区没有真正发挥作用，权力、职责不够明确，行政化色彩浓厚，组织体系不够完善。而且社区的服务功能未能得到充分发挥，而且缺乏保障。对民族地区农村鳏寡孤独、老弱病残等弱势群体的服务不到位。民族地区社区卫生服务功能也不到位，离预防、医疗、保健、康复和健康教育、计划生育技术指导没能有效结合为一体，离开展综合性、连续性、方便快捷的社区卫生服务尚有差距。在社区治安管理方面，特别是防范工作方面也存在薄弱环节。

# 第7章 diqizhang

# 城市少数民族流动人口的经济适应性

前面的三章探讨了城市少数民族人口流动的数量、特征、原因和影响，接下来的四章则将对中国城市少数民族流动人口的城市生活适应性和融入状况进行探讨，包括：他们在城市生活的经济适应性、社会适应性、心理适应性及社会保障情况。本章主要探讨城市少数民族流动人口的城市生活的经济适应情况。经济适应是城市生活适应和融入的基础，本章主要关注城市少数民族流动人口的就业、收入及居住方面的情况。

## 7.1 城市少数民族流动人口的就业状况

### 7.1.1 城市少数民族流动人口的就业特征

改革开放以来，大量少数民族农村劳动力从农村转移出来，进入城镇务工就业，其规模不断扩大。他们直接或间接地为城市经济文化建设做出了突出的贡献，是城镇劳动力不可缺少的重要组成部分。在城市化的进程中，少数民族流动人口在就业方面具有以下特征：

**1. 城市少数民族流动人口以已婚、青壮年男性为主**

改革开放以来，大量少数民族农村劳动力从农村转移出来，进入城镇务工就业，其规模不断扩大。他们就业现状有其自身的特点：以青壮年为主，多是当地少数民族素质较高的人员，女性比例不断上升。进入城市的少数民族流动人口，男性占大多数，这可能与男性能够承担艰苦繁重的劳动任务，能够快速适应快节奏城市生活，也与各个民族男女在社会分工上的传统文化习俗的影响有关。以成都市为例，据文久富等 2007 年的调查，18～45 岁的少数民族流动人口占受调查少数民族流动人口的 80%[①]（见表 7－1）。从婚姻状况看，大多已婚。

**表 7－1　2007 年成都市被调查少数民族流动人口的年龄结构**

| 年龄组 | 人数（人） | 比重（%） |
|---|---|---|
| 18 岁以下 | 90 | 5.97 |
| 18～35 岁 | 1017 | 67.44 |
| 36～55 岁 | 395 | 26.19 |
| 56 岁以上 | 6 | 0.40 |
| 合计 | 1508 | 100 |

**2. 少数民族流动人口的文化构成以中小学为主**

少数民族流动人口的文化程度普遍不高，一部分人上过小学（其中部分小学未毕业），多数人初中毕业，极少数人上过高中，没上过学的外出就业少数民族也占有一定比例。

据 2005 年 11 月郑州市民族宗教委员会调查，在郑州市从

① 文久富，陶斯文，刘琳．城市化进程中少数民族流动人口就业现状、存在问题及对策分析［J］．西南民族大学学报（人文社会科学版）．2007（8）．

业的42个少数民族的流动人口中具有大中专及以上学历的人仅占总数的5%左右。然而当今社会，城市中有限的就业机会基本上是按照受教育程度来配置的，大多数少数民族流动人口劳动力素质技能低，因而难以进入较高行业层次。①

**3. 职业主要集中在第三产业**

外出务工少数民族就业主要集中在第三产业。外出就业的稳定性不断增加。少数民族流动人口就业岗位以个体和私营为主，大量的就业岗位靠自己开拓创造。有的岗位与他们自身的民族风俗、民族文化背景相关，这同时也是他们的就业优势。

据文久富、陶斯文等在成都的调查②，受各自受教育程度、成长环境与生活经历的影响，少数民族流动人口从事的职业和经济收入的差异是非常悬殊的，呈现出明显的阶梯形结构。总的来说，大多数少数民族流动人口在第三产业就业，如饮食服务业、批发零售业、贸易行业、卫生行业、修理和搬运行业、运输行业、家庭服务行业等。一部分的少数民族流动人口在建筑业，制造业等第二产业部门就业。不同职业的少数民族流动人口的收入呈现比较大的差别。他们中一部分由于文化程度较高或具备一定技术或特长的人，收入较高。一般来讲，教育程度越高，收入也相对较高，少数民族流动人口在缺乏阅历与经验的情况下，加强自身的技术是提高其收入的最佳方法。一般地讲，来自新疆、甘肃、青海、宁夏等地的维吾尔、回、藏等少数民族，来成都都是以经商为主。主要出售羊皮、葡萄干、核桃糖和烤羊肉串等；有一些则经营餐饮业，如清真食品、拉面馆等，多系中低档餐馆；有的人也做一些西北与西南相互短缺的物品生意，多

① 刘璐璐.郑州市少数民族流动人口就业问题浅析［M］.改革与开放.2011（20）.

② 文久富，陶斯文，刘琳.城市化进程中少数民族流动人口就业现状、存在问题及对策分析［J］.西南民族大学学报（人文社会科学版）.2007（8）.

以土特产品为主，如虫草、贝母、天麻等药材。这个调查结果，与笔者第五章中利用"六普"数据统计分析的结果基本一致，外出就业的流动人口主要以第三产业和第二产业为主。

### 7.1.2 城市少数民族流动人口的就业障碍

**1. 户籍制度与社会保障制度的障碍**

由于中国长期以来的户籍制度以及城乡二元分割政策，使得少数民族流动人口长期被城市区隔并贴上另类标签。以僵硬的户籍制度为基础形成的城乡二元社会结构，将城市少数民族流动人口排斥在他们所工作和生活的这个城市之外。目前中国二元社会结构仍然在发生作用，尤其是户籍管理制度制约着少数民族流动人口的就业。

当前，中国城镇的社会保障体系框架已经基本建立，但还存在不少问题，限制着乡村人口进入城镇。少数民族流动人口能够享受的社会保障或者含混不清，或者干脆排除在外。这样进入城镇就业的少数民族流动人口就缺乏保障，对未来的生活顾虑重重，不可能很好地融入城市。尽管政府一再强调企业要把每一个职工纳入社会保险，但是因为种种原因，少数民族流动人口在城市就业后的参保率依然很低。这意味着绝大多数的少数民族流动人口是没有任何社会保障的。他们的参保率低已经成为一个无法回避的现实。为每一个少数民族流动人口参保的工作任重而道远。值得庆幸的是，"新农保"与"新农合"目前已基本覆盖全国，但是"新农保"的参保人员多选择最低100元的标准，因此，未来的养老所得也十分有限。

**2. 语言、习俗方面的障碍**

语言相通能对人们之间的交往和流动起到促进作用，语言不通，则会起到阻碍作用。中国很多少数民族都使用本民族语言，一部分少数民族还有自己的文字。少数民族流动人口学会汉语成了他们进入城市的第一道关口，学会汉语能够使他们获得更多的就业机会，大大提高参与社会沟通、交流与竞争的能力，而语言不通将使他们寸步难行。由于少数民族流动人口生活圈狭小，信息闭塞，加之教育水平落后，一些人又不会说汉语。这样就阻碍了少数民族流动人口的就业。此外，少数民族一些特有的风俗习惯也对他们完全融入城市生活造成障碍，如饮食习惯等。

**3. 素质技能方面的障碍**

少数民族流动人口的文化素质偏低，很多只有初中或小学文化程度，素质普遍偏低，使其在向非农产业转移的过程中面临重重障碍。只能在低层次产业中形成过度竞争，因此，制约着少数民族流动人口就业的规模。城市中有限的就业机会基本上是按照教育程度来配置的。少数民族流动人口劳动力素质技能低，因而难以进入较高层次的产业。而且从长远看，随着经济发展水平的提高和高新技术产业的兴起，低素质劳动力的转移领域必将越来越窄，低素质劳动力的就业愈加困难。少数民族流动人口劳动力素质与就业岗位存在不相适应的矛盾正在日益显现。少数民族流动人口文化素质不高，缺乏专业技能，已经成为转移就业、制约其合理流动的主要瓶颈。

**4. 宗教信仰及思想观念的障碍**

少数民族信仰宗教是非常普遍的，像藏族、回族、维吾尔族这样的民族几乎全民信教，宗教已经渗透到文化、教育、生活和传统习俗的各个领域，对人们的思维方式和心理状态产生巨大的影响。少数民族对于他们的信仰有着强烈的认同感和归属感，他们往往通过定期的宗教仪式来表达虔诚、寄托情感。常此以往，对聚居地也就强烈地形成了依赖，没有了外出就业的愿望。很多少数民族不愿意走出本民族聚集地，去发达城市生活，和他们保持宗教信仰有密切关系。此外，由于少数民族流动人口就业信息闭塞，他们的思想观念往往也表现出保守、封闭、自我满足的特点。

**5. 歧视性障碍**

城市居民对少数民族流动人口存在一定的偏见，这是一个不容忽视的客观现实，也是阻碍少数民族人口流动的原因之一。调查发现，在城市部分汉族群众对少数民族流动人口持有偏见，甚至歧视的态度。他们往往不愿意多和少数民族打交道，能避免的就避免，采取敬而远之的态度。有的汉族餐厅老板明确表示不大愿意雇用少数民族员工，他说少数民族宗教信仰、风俗习惯比较多，有个别人还比较懒惰，而且容易惹麻烦，所以他不愿和这些人打交道。而另一些市民也持有相同的观点，例如，他们几乎都不愿意将出租房屋租给外来少数民族人口，理由往往都是认为少数民族的犯罪倾向严重，风俗习惯多，而且卫生习惯不好等等。由此可见，一些城市居民对少数民族外来人口存在严重的偏见和歧视，其实他们中的一些人并未真正接触过少数民族，而只是主观性地存有疑虑。

**6. 劳动力市场障碍**

农村劳动力进城就业的途径还是比较窄，在城市里他们多从事一些苦、脏、累的工作。这里既有自身素质的适应问题，也有一些地方和部门对少数民族流动人口存在着偏见。再是同工不同酬，在同一部门从事相同的工作，城乡劳动力的工作报酬总是存在差异。特别是城市劳动者可享受的一些福利，来自农村的流动人口不能享受。还有流动人口被无故拖欠工资的现象也比较突出。因此，当前的就业制度改革还很不彻底。这种不彻底性使城乡就业市场处于半封闭状态。如果少数民族流动人口就业市场障碍得不到改变，少数民族流动人口就不能与市民融为一体。

### 7.1.3 城市少数民族流动人口就业的政策

为改善城市少数民族流动人口的就业状况，做好以下几点是十分必要的。

**1. 促进中国少数民族流动人口就业政策的完善**

要改变少数民族流动人口就业的弊病，首先要从大的政策环境的改变入手，促进少数民族流动人口就业政策的不断完善，全面打破阻碍少数民族流动人口就业的种种障碍。改革户籍制度是促进少数民族流动人口就业的关键一步。围绕城乡一体化建设而进行的户籍管理制度改革，应取消传统的以农业、非农业户口为主的身份管理模式，统一实行居住地登记户口，并按居住区域划分为城市居民和农村居民。这样，可以有效减少劳动力的流动限制，减少少数民族进城打工的种种顾虑，增加他们外出的意愿和信心。同时，我们要在民族地区建立城乡统一的劳动力市场，逐步撤销二元结构下的就业制度对少数民族流动人口的各种限制，实行城乡统筹的就业管理制度，加强劳动力市场的建设，使少数民族流动人口在劳动力市场上得到公平公正的待遇。

**2. 民族地区应尽快调整产业结构，大力发展以旅游服务为主的第三产业，加快城市化进程，促进少数民族就业本地化**

中国民族地区的产业结构的不合理是少数民族流动人口就业困难的一个重要原因。中国的少数民族地区大多第一产业较发达，而第二和第三产业相对落后于东中部地区，在这样的条件下城市便无法为农村剩余劳动力提供足够的就业机会，针对民族地区自然旅游资源丰富的现状，民族地区应该加快以旅游服务为主的第三产业的发展，着力打造旅游品牌，开发民族地区旅游资源，促进少数民族就业本地化。此外，我们还要加快城市化进程，加强城市基础设施建设以吸纳更多少数民族就业。目前情况下，民族地区应创造更多的劳动密集型的就业岗位。这样，才能使民族地区的农村剩余劳动力顺利转移。

**3. 加大对少数民族教育资金的投入力度，大力发展民族地区双语基础教育和职业技术教育**

教育水平落后是制约少数民族人口外出就业的一个关键性因素。如果教育跟不上，少数民族人口素质无法提高，也就缺少就业竞争力，因此加强教育，特别是义务教育水平，是促进少数民族流动人口就业的必备条件。因此，政府必须加大对少数民族教育经费的投入力度，加强基础设施建设，提高教师待遇，建设一支高水平的师资队伍，努力提高民族地区双语教学质量和教育水平。积极探索符合少数民族自身特色的职业技术教育，使文化教育和技术教育并举。

据笔者2012年暑期在新疆喀什疏附县的调查发现，当地的农村人大多不会讲汉语，目前的学校教育中也只是对部分学生进行维、汉双语教育，因此普及双语基础教育应该是南疆维族人口顺利进行农村剩余劳动力转移的先决条件。

**4. 开展以政府为主导的少数民族劳务输出、人才培养、劳动力管理等工作**

少数民族人口外出流动少，与城市的就业环境好坏、就业途径多少有着密切关系，很多少数民族人口就是因为缺乏就业信息而未能外出打工的。因此，我们必须由政府牵头，组织较大规模的劳务输出，为少数民族人口提供更多就业机会。当地政府可以与需要劳动力的企业签订劳务输出合同，并根据企业对劳务的需求来组织培训和输出。政府出面与企业签订合同，在劳动时间，福利保障方面都严格按照国家法律规定办事，这样才能有效确保少数民族的合法权益，避免在工作过程中受到不公正的待遇。

**5. 加强民族团结教育，减少对少数民族流动人口的偏见和歧视**

我们必须加大民族团结教育，通过多种途径，增进市民对少数民族的认识，促进民族团结。同时，也必须加强对少数民族自身的教育，帮助他们增强法律观念，改掉一些陋习恶习，树立民族自信心和自豪感等等。这样从两方面扫清少数民族人口流动的观念性障碍，才能够大大提高少数民族外出务工的积极性，促进少数民族流动人口就业。

## 7.2 城市少数民族流动人口的收入状况

城市流动人口由于受户籍制度、城市管理政策和自身条件等限制，流动人口大都从事市民不愿干的脏乱、危险和急需的工作，跟城镇正式工人相比，“同工不同酬、同工不同时、同工不同权”。在劳动报酬方面，2012 年 2 月 29 日，人力资源和社会保障部副部长杨志明在全国农民工工作暨家庭服务业工作办公室主任会议上透露，2011 年，中国外出农民工月均收入已达到 2049 元；同时中国社会科学院人口与劳动经济研究所副研究员程杰在《中国青年农民工项目综合政策建议报告》中也指出，中国青年农民工的收入仅为本地城镇职工平均工资水平的 30%[①]。由此，不难得到这样的结论：在全国各大城市的少数民族流动人口中，由于综合素质相对较低，劳动收入相应更低。依托西部、中部、东部地区某些城市开展的一系列调查充分说明了这个问题。

① 程杰.农民工月均工资破 2000 仅为城镇职工平均工资 30% [OL].人民网财经频道. http://finance.people.com.cn/GB/70846/17271906.html，2012-03-02.

### 7.2.1 西部城市少数民族流动人口的收入状况

通过张海洋、汤夺先、陶斯文等对西部的乌鲁木齐、西宁、兰州、成都等城市的调查发现，这些城市的少数民族流动人口的收入水平普遍较低。

以乌鲁木齐市天山区四个重点片区流动人口为例，2011年王凤丽通过调研发现乌鲁木齐市有稳定收入的少数民族流动人口大多月收入在1000元左右，这些收入维持家庭开支显得极其困难。随着乌鲁木齐城市化的大发展及城市用工成本的增长，乌鲁木齐市流动人口中的产业工人收入相对较高，月收入在2000元以上，尤其是装饰装修及技术工人的收入在不断增长，工作期间每天工作收入高达200元以上，但这部分少数民族流动人口的数量并不多。

2005年张海洋、良警予对兰州59位少数民族流动人口的调查结果[①]显示，除9位无工作外，月收入低于500元的有31人（52.54%）；500～1000元的13人（22.03%）；1000～2000元的4人（6.78%）；2000～2500元的1人；收入不固定的1人。即月收入500元以下者占一半以上，1000元以下者占了89.83%（见表7－2）。

表7－2　2005年兰州少数民族流动人口收入调查情况　单位：元，人，%

| 月收入 | 无工作 | 低于500 | 500～1000 | 1000～2000 | 2000～2500 | 收入不固定 | 合计 |
|---|---|---|---|---|---|---|---|
| 人数 | 9 | 31 | 13 | 4 | 1 | 1 | 59 |
| 比例 | 15.25 | 52.54 | 22.03 | 6.78 | 1.69 | 1.69 | 100 |

2009年，汤夺先对兰州288位少数民族流动人口问卷调

① 张海洋，良警予．散杂居民族调查：现状与需求［C］．中央民族大学出版社．2006．第87页．

查①显示，59人（20.49%）月收入不到300元；151人（52.43%）在300～500元之间；68人（23.61%）在500～800元之间；仅有10人（3.47%）超过800元，即约70%的人月收入在500元以下（见表7－3）。同时，60人（20%）每月入不敷出；92人（30.67%）收支持平，仅够维持生活；96人（32.67%）勉强实现略有盈余的目标；38人（12.67%）每月收入大部分结余。即超过50%的少数民族流动人口无法获得温饱之外的更多收入而陷入贫困状态。

**表7－3　2009年兰州少数民族流动人口收入情况**　单位：元，人，%

| 月收入 | 300以下 | 300～500 | 500～800 | 800以上 | 合计 |
|---|---|---|---|---|---|
| 人数 | 59 | 151 | 68 | 10 | 288 |
| 比例 | 20.49 | 52.43 | 23.61 | 3.47 | 100 |

西宁和成都的资料佐证了西部少数民族流动人口收入较低的现实。2005年，对西宁市52位少数民族流动人口的调查结果显示（见表7－4），除19位（36.54%）无工作外，月收入500元以下有11人（21.15%），500～1000元之间16人（30.77%）；1000～2000元之间有4人（7.69%），2000～3000元之间1人（1.92%），3000元以上有1人（1.92%）②。即500元以下者占到21.15%，1000元以下者合计占到88.46%。2007年，通过对成都市1508位少数民族流动人口的调查，大多数收入在400～1000元之间，月收入低于400元的约占1/5，人均年收入明显低于四川城市居民的平均水平③。

**表7－4　西宁少数民族流动人口的收入情况**　单位：元，人，%

| 月收入 | 无工作 | 500以下 | 500～1000 | 1000～2000 | 2000～3000 | 3000以上 | 合计 |
|---|---|---|---|---|---|---|---|
| 人数 | 19 | 11 | 16 | 4 | 1 | 1 | 52 |
| 比例 | 36.54 | 21.15 | 30.77 | 7.69 | 1.92 | 1.92 | 100 |

① 汤夺先. 试论城市少数民族流动人口的物质生活贫困问题［J］. 西南民族大学学报（人文社会科学版）. 2010（4）.

② 张海洋，良警予. 散杂居民族调查：现状与需求［C］. 中央民族大学出版社. 2006. 第40页.

③ 陶斯文. 四川少数民族流动人口研究［M］. 民族出版社. 2007.

### 7.2.2 中部城市少数民族流动人口的收入状况

中部地区以武汉市与合肥市为例。2006 年李伟梁对武汉市 51 位少数民族流动人口的问卷调查显示，35.3% 的人月收入在 500 元以下，27.4% 的人月收入在 501 ~ 1000 元，即 62.7% 的人月收入在 1000 元以下，月收入 2000 元以上的仅占 9.9%，表明大多数来武汉的少数民族人员月收入过低①。

2009 年汤夺先对合肥市 95 位少数民族流动人口月毛收入的问卷调查结果显示（见表 7 – 5），月毛收入在 300 元以下者 2 人（2.11%），300 ~ 500 元之间 3 人（3.16%），500 ~ 800 元之间 32 人（33.68%），800 ~ 1000 元之间 15 人（15.79%），1000 ~ 1500 元之间 14 人（14.74%），1500 元以上者共 29 人（30.53%）。即月毛收入在 1000 元以下者占 54.7%，1500 元以下者占 69.5%，而其纯收入更低。同时，11% 的人刚够维持生活而无结余；20% 的人入不敷出；52% 的人少部分结余；35% 的人大部分结余。显然，近 2/3（65%）的少数民族流动人口并没有实现收入的大幅提升②。

**表 7 – 5　2009 年合肥市少数民族流动人口月毛收入情况** 单位：元，人，%

| 月毛收入 | 300 以下 | 300 ~ 500 | 500 ~ 800 | 800 ~ 1000 | 1000 ~ 1500 | 1500 以上 | 合计 |
|---|---|---|---|---|---|---|---|
| 人数 | 2 | 3 | 32 | 15 | 14 | 29 | 95 |
| 比例 | 2.11 | 3.16 | 33.68 | 15.79 | 14.74 | 30.53 | 100 |

### 7.2.3 东部城市少数民族流动人口的收入状况

东部地区以南京市、上海市、天津市等为个案。2006 年

① 李伟梁. 少数民族流动人口的城市生存与适应——以武汉市的调研为例 [J]. 内蒙古社会科学. 2006 (6).

② 汤夺先. 试论城市少数民族流动人口的物质生活贫困问题 [J]. 西南民族大学学报（人文社会科学版）. 2010 (4).

朱黎黄等对南京市942位少数民族流动人口的问卷调查显示，月收入600~800元之间的占44.1%，800~1000元之间占33.6%，1000元以上者仅占22.3%[①]（见图7-6）。由上述数据可知南京市少数民族流动人口的月收入以1000元以下者为主体。白友涛等2007年对南京市、上海市1226位流动穆斯林人口净收入的问卷调查显示，月收入在500元以下占16.94%（207人），500~1000元之间的占50.81%（623人），1000~2000元之间占20.65%，2000元以上者仅占11.6%[②]。可见，2007年上海2/3的少数民族流动人口的月收入都在1000元以下。

表7-6　2006年南京少数民族流动人口收入情况　单位：元,%

| 月收入 | 600~800 | 800~1000 | 1000以上 | 合计 |
|---|---|---|---|---|
| 比例 | 44.10 | 33.60 | 22.30 | 100 |

2006年刘纯彬对天津市拉面馆的72名回族流动人口的调查显示，42位老板月收入最高在3500元，最低在1000元，月平均2144.84元；面匠月收入最高800元，最低600元，月平均675元；26个小工月收入最高500元，最低300元，月平均430.25元[③]。另据刘纯彬对天津市某工厂69位维吾尔族流动人口调查发现，月收入最高者1200元，最低者600元，月工资700~900元之间的为57人，占82.61%，1000元以下为65人，平均工资827.54元[④]。显然，流入天津的回族与维吾尔族人口收入并不高。其他研究亦可以佐证东部城市少数民族流动

① 朱黎黄等.做好新时期的城市少数民族流动人口工作是构建社会主义和谐社会的重要环节[J].民族工作研究.2006(6).

② 白友涛等.流动穆斯林与大城市回族社区——以南京、上海等城市为例[J].回族研究.2007(4).

③ 刘纯彬等.天津市回族外来人口就业与生活状况调查报告[J].民族工作研究.2009(3).

④ 刘纯彬等.天津市维吾尔族外来人口就业与生活状况调查报告[J].民族工作研究.2008(6).

人口收入亦较低的事实。2008 年季方桐对天津、上海、南京、深圳的 875 位穆斯林流动人口的问卷调查显示，月收入在 500 元以下者占 10.9%[①]。

据陈晓毅 2010 年在广州市对穆斯林流动人口的调查[②]显示，穆斯林流动人口的月收入主要集中在 500～1000 元和 1000～2000 元两个档次，且以后者为主，二者之和占受访者有效百分比的 68.92%。在广州市的穆斯林流动人口收入在 500 元以下仅占统计人数的 4%，与此同时，部分穆斯林流动人口的月收入达到 2000～3000 元、3000～4000 元、4000～5000 元和 5000 元及以上，等等，部分已经跨入中产阶层甚至是富裕阶层。

通过笔者 2012 年 8 月份在北京市对少数民族流动人口的收入调查显示，95 人中月收入在 1300 元以下的有 34 人（35.78%），月收入在 1300～3500 元的有 41 人（43.16%），月收入在 3500～5000 元的有 13 人（13.68%），月收入在 5000～9000 元的有 5 人（5.26%），月收入在 9000 元以上的只有 2 人（2.11%）（见表 7－7）。即月收入在 3500 元以下者占调查总人数的近 80%，而据北京市人力资源和社会保障局和北京市统计局在 2012 年 4 月 6 日公布的全市职工的月平均工资为 4672 元，由此可见，在京少数民族流动人口的工资水平还是远远低于北京市全市人口的平均工资的。

**表 7－7　　北京市少数民族流动人口的收入情况**　　单位：元，人，%

| 月收入 | 1300 以下 | 1300～3500 | 3500～5000 | 5000～9000 | 9000 以上 | 合计 |
|---|---|---|---|---|---|---|
| 人数 | 34 | 41 | 13 | 5 | 2 | 95 |
| 比例 | 35.78 | 43.16 | 13.68 | 5.26 | 2.11 | 100 |

① 季方桐.东部城市流动穆斯林人口的结构特征与就业状况研究——以天津、上海、南京、深圳四城市为考查点［J］.西北第二民族学院学报.2008（4）.

② 陈晓毅.都市流动穆斯林文化适应问题及其解决之道基于问卷调查的广州个案实证研究［J］.青海民族研究.2010（7）.

总之，虽然城市少数民族流动人口的收入比在家乡时提高不少，但是，即使在经济发达地区的少数民族的收入状况也不乐观，他们的收入在当地相对较低，处于相对贫困状态。不论是在中西部的城市还是在东部的城市，城市少数民族流动人口的收入均大大低于城市居民，调查结果充分说明了这个事实。

## 7.3 城市少数民族流动人口的居住空间

住房是较为外在的物质生活指标，比较容易把握，笔者依托住房这一物质指标来大致分析城市少数民族流动人口的物质生活贫困状况。其中，居住方式（是否拥有住房所有权）、房屋类型、人均住房面积都是反映少数民族流动人口居住情况的重要维度。

### 7.3.1 西部城市少数民族流动人口的居住状况

西部以兰州市为例。2006 年张海洋、良警予对兰州市 59 位少数民族流动人口的调查显示，6 人（10.2%）住在工作场所，36 人（61.0%）住在自己租用的房子，住在自购房即拥有房屋产权的有 11 人（18.6%）；除了 6 人（10.2%）住在工作场所外，42 人（71.2%）住在平房与筒子楼里，7 人（11.9%）住在单元楼中，4 人住独院；除住在工作场所的 6 人外的 53 人，其人均居住面积为 10.68 平方米，少于兰州市居民人均 16 平方米的水平[1]。

据 2008 年汤夺先的问卷调查显示，兰州市少数民族流

① 张海洋，良警予. 散杂居民族调查：现状与需求 [M]. 中央民族大学出版社. 2006. 第 79 ~ 81 页.

动人口多以分散租住私人住房与集中居住在工棚为主，190人租住私人住房（65.29%），79人在工棚或工地居住（27.15%），只有10人居住自购房，7人租住单位公房，5人住在打工场所[①]。租房者多居住在城乡结合部的平房或矮层楼房中，以10平方米左右的单间房子为主（见表7-8）。

可见，西部城市的少数民族流动人口主要以租房为主（60%），少数人居住在工棚或工作场所，极少数人有能力自购住房。且人均居住面积小于城市平均住房面积。

**表7-8　2008年兰州市少数民族流动人口居住情况**　单位：人，%

| 房源性质 | 租住私人住房 | 工棚或工地居住 | 自购房 | 租住单位公房 | 打工场所 | 合计 |
|---|---|---|---|---|---|---|
| 人数 | 190 | 79 | 10 | 7 | 5 | 291 |
| 比例 | 65.29 | 27.15 | 3.44 | 2.41 | 1.72 | 100 |

### 7.3.2　中部城市少数民族流动人口的居住状况

中部以武汉市与合肥市为例。据李伟梁2006年对武汉市的调查，流入武汉的少数民族流动人口以租住房屋为主（70.6%），还有一些人由单位提供住处（25.5%）或住亲友家（39%），没有人拥有属于自己的房屋且86.3%的人认为自己在城市的住房条件比在老家的要差[②]。

汤夺先2010年对合肥市少数民族流动人口居住情况的调查表明，租住私人住房共76人（67.9%），居住在工作场所的为33人（29.5%），只有1人自购房子，其他情况的有2人[③]。

可见，中部地区的少数民族流动人口，多数人以租房为主（70.00%），居住在工作场所的为25%左右，少数人自购住房。

---

① 汤夺先. 西北城市少数民族流动人口现状的调查分析［J］. 西北第二民族学院学报. 2008（3）.

② 李伟梁. 少数民族流动人口的城市生存与适应——以武汉市的调研为例［J］. 内蒙古社会科学. 2006（6）.

③ 汤夺先. 试论城市少数民族流动人口的物质生活贫困问题［J］. 西南民族大学学报（人文社会科学版）. 2010年（4）.

### 7.3.3 东部城市少数民族流动人口的居住状况

东部以青岛朝鲜族流动人口和北京市少数民族流动人口为例。

**1. 青岛朝鲜族流动人口的居住情况**

张海洋等2005年对青岛流动人口的调查显示，青岛市区55位被调查者中，49人（89.1%）住在单元楼，2人住独院，4人（7.3%）住筒子楼或平房；27人（49.1%）住自购房，19人（34.6%）租房住，2人住在工作场所，6人住在亲戚家，最小居住面积5平方米，人均住房面积21.96平方米。对青岛市开发区52位流动朝鲜族人口的调查结果显示，26人（50%）住在自购房，33人（34.7%）租房住，2人住在工作场所，5人住亲戚家；25.6%的人居住10~20平方米，平均居住面积35.44平方米①。2000年全国城市人均住房建筑面积21.76平方米，青岛市为21.23平方米。比较可知，青岛朝鲜族流动人口较全国及青岛高一些，但仍有超过1/4者低于全国和青岛平均水平，半数左右租房居住，没有住房所有权。

**2. 北京市少数民族流动人口的居住情况**

（1）北京市少数民族流动人口的住房类型。据笔者2012年对北京市95位少数民族流动人口的调查显示，其中57人（60%）居住出租楼房，6人（6.32%）住农民原建房，19人（20%）租住在地下室，9人（9.47%）居住在工作场所，只有4人（4.21%）有自己的房屋（见表7-9）。

可见北京市不到70%的少数民族流动人口居住在出租房或

① 张海洋，良警予. 散杂居民族调查：现状与需求［M］. 中央民族大学出版社. 2006. 第121~122页.

自购房；其他人则住在农房、地下室或工作场所，30%的北京市少数民族流动人口的居住情况不容乐观。

表 7－9　北京市少数民族流动人口居住情况　单位：%

| 住房类型 | 出租楼房 | 农民原建房 | 租住地下室 | 住工作场所 | 住自己房屋 | 合计 |
|---|---|---|---|---|---|---|
| 比例 | 60 | 6.32 | 20 | 9.47 | 4.21 | 100 |

（2）少数民族流动人口对社区环境的评价。北京市少数民族流动人口中被调查者的20%认为现在居住的小区生活不太方便，55%的被调查者认为居住社区很方便，还有24.49%的被调查者说不清所住社区是否方便。

来京少数民族流动人口在评价居住社区环境的满意度中（见表7－10），认为非常满意、比较满意和一般的被调查者占80%左右，另有20%的被调查者则对居住社区不太满意或很不满意。此外，他们对社区的卫生、道路灯光、交通状况、垃圾清理及公园绿化方面的满意度也只有70%左右。

表 7－10　来京少数民族流动人口对社区各种环境的满意度　单位：%

| 对社区各种环境的满意度 | 很不满意 | 不太满意 | 一般 | 比较满意 | 非常满意 | 合计 |
|---|---|---|---|---|---|---|
| 对社区公共场所卫生的满意度 | 8.51 | 19.15 | 44.68 | 23.40 | 4.26 | 100 |
| 对社区道路灯光的满意度 | 8.33 | 18.75 | 43.75 | 22.92 | 6.25 | 100 |
| 对社区交通状况的满意度 | 8.51 | 14.89 | 44.68 | 27.66 | 4.26 | 100 |
| 对社区垃圾清理的满意度 | 8.16 | 18.37 | 53.06 | 16.33 | 4.08 | 100 |
| 对社区公园绿化的满意度 | 8.33 | 10.42 | 47.92 | 25.00 | 8.33 | 100 |

同时，来京少数民族流动人口对社区应该解决的问题也提出了建议：32.05%的被调查者将绿化、卫生、污染等环境问题排在首位，16.67%的被调查者将交通问题排在首位，其次他们认为社区亟待解决的是治安问题、文体设施建设以及就业和教育培训问题（见表7－11）。

表 7－11　在京少数民族流动人口对所在社区最应该解决的问题的意见

单位：%

| 问题 | 交通问题 | 绿化、卫生、污染等环境问题 | 治安问题 | 餐饮娱乐业等社区经济发展问题 | 菜市场等综合配套生活设施的改善 |
|---|---|---|---|---|---|
| 比例 | 16.67 | 32.05 | 12.82 | 2.56 | 5.13 |
| 问题 | 社区就业问题 | 社区文化建设、知识培训教育等问题 | 社区民主决策问题 | 社区文化体育设施的建设 | 其他 |
| 比例 | 6.41 | 6.41 | 1.28 | 10.26 | 6.41 |

通过对西部、中部、东部三个区域的城市少数民族流动人口居住情况的调查结果的分析可见，少数民族流动人口居住条件整体较差，多以租房为主，拥有房屋产权者即能够自购住房者非常之少；大多数人均居住面积较城市平均水平少得多；还有部分人租住地下室或居住在工作场所。20%～30%左右城市少数民族流动人口的居住状况处于较差的状态。

# 第8章 dibazhang 城市少数民族流动人口的社会适应性

社会适应是社会融入和城市生活适应的具体反映，是指城市少数民族流动人口在行为上能够按照流入地约定俗成的规矩办事、实践着流入地认可的行为规范。据相关调查结果显示，城市少数民族流动人口由于语言、文化、习俗、信仰、自身受教育水平等因素的约束，虽然他们身处城市，但是，仍就生活在一个相对封闭的社会交往圈子之内，很少参加社区组织的活动，因此导致其社会网络的亲缘、地缘特征明显。而随着改革的推进和经济水平的进一步发展，经济结构调整步伐的加快，第一代和第二代流动人口急需通过教育培训提高其自身素质和技能，此外，一部分流动人口的随迁子女的受教育问题也是目前亟待解决的问题。本章主要探讨影响城市少数民族社会适应性的社会交往、社区参与和教育培训三个主要问题。

## 8.1 城市少数民族流动人口的社会交往

社会交往是流动人口社会融合的主要手段和途径。他们社会交往的网络越广泛，社会交往的成员越多，得到的社会支持越多，社会资本也就越多，他们也就越容易融入城市社会。本节通过对城市少数民族流动人口的社会网络及其影响因素的研究，探讨城市少数民族流动人口的社会交往情况。

### 8.1.1 城市少数民族流动人口的社会网络

社会网络理论的建构和发展来源于西方社会。德国社会学家齐美尔把社会想象为相互交织的社会关系的观点可以说是最早的社会网思想。不过，这仅是对社会网络的一种纯粹隐喻的使用。英国人类学家拉德克利夫·布朗在其《论社会结构》（1940）一文中，首次使用了“社会网”（social networks）的概念，他通过“社会网”理论来解释社会分配和社会支持。1954 年，巴恩斯通过对一个挪威渔村阶级体系的分析首次把社会网的隐喻转化为系统的研究。而英国学者伊丽莎白·伯特（Elizabeth Bott）的著作《家庭与社会网络：城市百姓人家中的角色、规范、外界体系》（1957）使得网络概念成为社会科学家广泛关注的对象。从此，社会网络分析被视为研究社会结构最具说服力的研究视角之一。城市中的少数民族流动人口是一个在语言、宗教信仰、风俗习惯、人际交往方式等方面与汉族迥然不同的特殊群体，对这一特殊群体的社会网络进行研究，具有重要的理论和现实意义。

**1. 北京市少数民族流动人口的社会网络**

据笔者对北京市少数民族流动人口的不完全统计发现，北京市少数民族流动人口平时的交往人群主要是工作同事，占被调查者的30.11%，其次是家人亲戚和好友邻居，分别占被调查者的21.51%，再次是一起赴京的老乡，占被调查者的15.05%（见图8－1）。也就是说，在京少数民族流动人口的主要交往对象是同事、亲戚、朋友和老乡。且亲缘与地缘关系的交往比例为36.56%，超过业缘30.11%的比例。

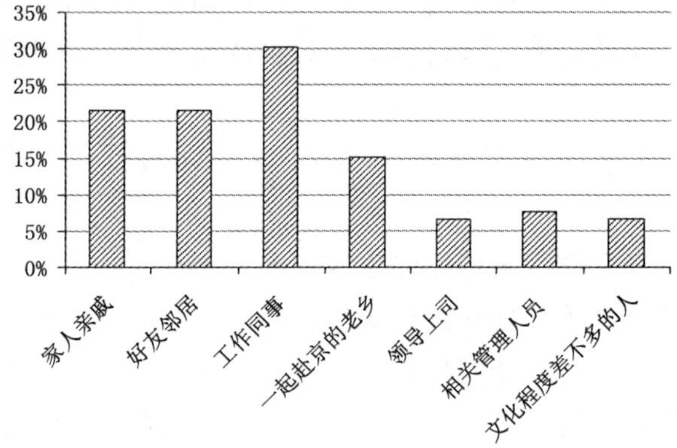


图8－1　北京市少数民族流动人口的社交情况（单位:%）

对北京市少数民族流动人口的现任工作的来源途径进行调查发现，53.06%的被调查者的工作是自己找的，而28.57%的被调查者的工作是通过亲戚老乡介绍的，接近三分之一的比例。其他方面原因都低于10%。这从另一个侧面反映了城市少数民族流动人口社交网络中源于亲缘和地缘关系的亲戚老乡的重要地位。

**2. 桂林少数民族流动人口的社会网络**

根据2008年马冬梅、谢一帆对桂林少数民族进城务工人员的调查统计结果显示，桂林市少数民族进城务工人员交往的主要对象集中在家人、亲戚、同学或朋友、老乡以及一起打工的同事。60.31%的人表示经常和家人交往，57.12%的人表示经常和同学或朋友交往，40.37%的人表示经常和老乡交往①。这进一步说明，传统的血缘、地缘关系仍然是进城务工少数民族社会网络中的核心部分，他们一般是通过亲戚、朋友或老乡的介绍进入城市，这样，部分原有的关系网络随之移入城市，例如，哥哥先进城创业，弟弟妹妹随后进城；或者朋友、老乡先进城，通过他们的介绍再进入城市等。进入城市后他们也主要与家人、老乡和朋友交往。

### 8.1.2 影响城市少数民族流动人口社会交往的因素

影响城市少数民族流动人口社会交往的因素主要有语言文化、民族风俗习惯和宗教信仰等方面。

**1. 语言文化**

语言作为民族文化的重要表现形式和文化载体，在民族构成诸要素中占有重要位置。中国很多少数民族都有自己的民族语言，如维吾尔族、藏族、壮族、苗族等都有自己的民族语言。一些来自不同民族杂居地方的少数民族，汉语水平相对高一些。而对于世代长期生活在本民族聚居地方的少数民族，一直讲本民族的语言，汉语就成为他们城市适应过程中的一个障碍。如来自新疆的维吾尔族，来自西藏的藏族，来自广西玉林、贵港等地的壮族等，因为语言不通，使得这些少数民族基本上在一个相对封闭的社交圈子中生存和发展。另外，有的少数民族虽然会说汉语，但说的多是地方方言，如来自青海、甘肃的回族、撒拉族说西北汉语方言，普通话普遍不流利，与他人沟通和

① 马冬梅，谢一帆. 少数民族进城务工人员社会网络及其影响因素［J］. 黑龙江民族丛刊. 2008（4）.

交流比较困难。

针对语言问题，笔者对来京少数民族流动人口平时普通话使用情况调查发现，有4.35%的来京少数民族不会说普通话，17.39%的被调查者会说，但很少说；28.26%的被调查者除与老乡交谈之外都用普通话，50%的被调查者，到京之后一直用普通话与人交流（见表8-1）。由此可见，大部分的来京少数民族还是使用普通话与人交流的，但是，也有少部分少数民族流动人口不会或很少说普通话。

表8-1　北京市少数民族流动人口普通话使用情况　单位：%

| 选项 | 不会说 | 会说但是从来不说 | 除与老乡交谈之外都用普通话 | 到北京之后一直用普通话交流 | 合计 |
|---|---|---|---|---|---|
| 比例 | 4.35 | 17.39 | 28.26 | 50.00 | 100 |

**2. 民族风俗习惯**

民族风俗习惯作为民族传统文化的一个有机组成部分，是一个民族在其历史发展过程逐步形成的风尚和习俗，具体表现在服饰、饮食、节庆、居住、婚姻、礼节、丧葬以及生产活动诸方面。每个少数民族都有其独特的风俗习惯，尤其是一些传统节日在许多少数民族中仍然保存完好。如壮族“三月三歌圩”、瑶族“盘王节”、维吾尔族和回族的“开斋节”和“古尔邦节”、苗族“芦笙踩堂”、侗族“打油茶”等传统节日。

而要融入一个城市，必然要融入它的文化。笔者对北京市少数民族流动人口的不完全统计发现，来京少数民族流动人口对北京本地饮食、服饰、婚育和语言使用等行为和观念的认同方面，18.6%的被调查者保持着与北京市完全不一致的风俗习惯，30.23%的被调查者与北京市的风俗习惯基本一致，41.86%的被调查者的风俗习惯虽然与北京人不同，但是可以适应，接受入乡随俗，另外，还有9.3%的被调查者选择了其他（见表8-2）。

表8－2　北京少数民族流动人口对北京风俗习惯的认同度　单位：%

| 选项 | 与北京人完全不一样 | 与北京人完全一致 | 与北京人有不同但是可以适应，入乡随俗 | 其他 | 合计 |
|---|---|---|---|---|---|
| 比例 | 18.60 | 30.23 | 41.86 | 9.30 | 100 |

城市少数民族基本可以做到入乡随俗，但是，很多人保留着自己的风俗习惯。每逢各自民族传统节日的时候，他们通常会一起做家乡特色的食物，开展一些具有民族特色的活动等。城市中少数民族务工人员的节日聚会为同一族群内的人提供了很好的交流和沟通的机会，增加了个体间的互动频率。从城市适应角度来看，对于初次进入城市的少数民族来说，大大减少了个体因单独面对新环境而产生的巨大的不适应，避免了由此引发的文化震撼或准文化震撼。但这些活动在巩固和加强同一民族社会网络建构的同时，也成为制约少数民族进城务工人员社会圈子扩展的一个不利因素。

**3. 宗教信仰**

宗教信仰是民族文化的另一个重要内容。进入城市的少数民族，在宗教信仰以及与宗教相关的生活习俗等方面与其他民族之间存在较大的差异，这会直接影响到其社会网络的建构。在桂林市，信仰意识最浓厚的当属信仰伊斯兰教的回族、撒拉族、维吾尔族等少数民族流动人口。这些民族的流动人口进入城市后所做的必不可少的一件事就是寻找清真寺、清真饭馆或穆斯林聚居区，宗教对他们不可或缺。据调查，北京市的72所清真寺在星期五的“聚礼日”来做礼拜的人中，超过70%的是来自外地的穆斯林流动人口。少数民族流动人口有较为强烈的宗教生活需求。大多数的做礼拜的穆斯林一般一周去一次。笔者到北京牛街清真寺调查时，一位来北京找工作的穆斯林说：“工作还没找好，来做主麻可以认识很多朋友。”城市中回族穆斯林的宗教活动给处于陌生环境中的人提供了社会交往的需求，稳定了处于陌生环境下的人们的思想情绪。正如马林诺斯基所说："宗教提供了社会和心理的支持。"在共同信仰和强烈民族认同感的作用下，外来穆斯林流动人口在新的社会、文化条件下构筑了一个属于他们自己的社会网络。这种独特的社会网络无疑对同一信仰的群体的交流和沟通起到了一定的促进作用。

**4. 社会排斥**

有学者调查显示，在中国城市化进程加快的过程中，进城农民工受到多方面的社会排斥，包括经济、社会制度和组织、文化和心理等方面。对少数民族流动人口而言，他们进入城市后，在保持浓厚的本民族文化传统的同时，还要面临城乡文化的冲突以及与其他民族的冲突，加之各民族传统文化和风俗习惯的显著差异，城市中部分人对少数民族流动人口抱有偏见，对他们采取敬而远之的态度。有些城市的某些市民通常把新疆人与偷盗、抢劫、打架和闹事等行为联系在一起，认为他们是一个危险的群体，是社会治安问题的源泉。这些做法不仅伤害了少数民族感情，在市民与少数民族之间还设置了一道心理障碍，严重影响了少数民族进城务工人员在城市社会网络的重建。以上这种排斥是强势群体对弱势群体的排斥，其实，排斥在态度和行为上是双向的，弱势群体对强势群体也会表现出一定的排斥。尤其对少数民族而言，他们本身在服饰、语言、生活习惯等方面与汉族有较大区别，如回族、维吾尔族等信仰伊斯兰教的民族，因为独特的饮食文化，再加上城市部分居民对他们的歧视态度，这就造成他们对城里人的一些不满情绪，进而形成了对城市居民的排斥。这样，在别人排斥他们的同时他们也在排斥别人，进而造成其社会网络成员中难以有新的城市居民的加入。

在笔者对北京市少数民族流动人口的调查中发现，34.15%的来京少数民族认为北京人是友好和热情好客的，也有24.39%的来京少数民族认为与北京人相处并不十分融洽，北京人对他们表现出了明显的地域歧视；31.71%的被调查者与北京人的交流很少而不作评价；另有9.76%的在京少数民族的调查者选择了其他（见表8-3）。由此可见，大约三分之一的来京少数民族流动人口与北京人交往顺畅，另有三分之一的来京少数民族与北京人交流很少，还有三分之一的来京少数民族认为北京人对他们有地域歧视。可以感觉到，在这个繁忙的大都市中，人与人之间的关系表面看似平静，深层似乎透露着些许的冷漠。

**表8-3　少数民族流动人口对北京人待人态度的评价**　单位:%

| 选项 | 热情好客，待人真诚，十分友好 | 有明显的地域歧视，相处不是很融洽 | 交流不是很多没有什么评价 | 其他 | 合计 |
|---|---|---|---|---|---|
| 比例 | 34.15 | 24.39 | 31.71 | 9.76 | 100 |

此外，北京市少数民族流动人口对“北京人是否愿意接纳他们的”评价中，来京少数民族流动人口中只有14.58%的被调查者认为北京人不愿意或非常不愿意接受他们融入北京社会生活中，也就是说在他们眼中85.42%的被调查少数民族流动人口认为北京人是基本愿意接受他们的（见图8-2）。对比之前被调查者认为有三分之一的北京人对他们有地域的歧视，但是，并没有影响北京人对他们的事实上的接纳。

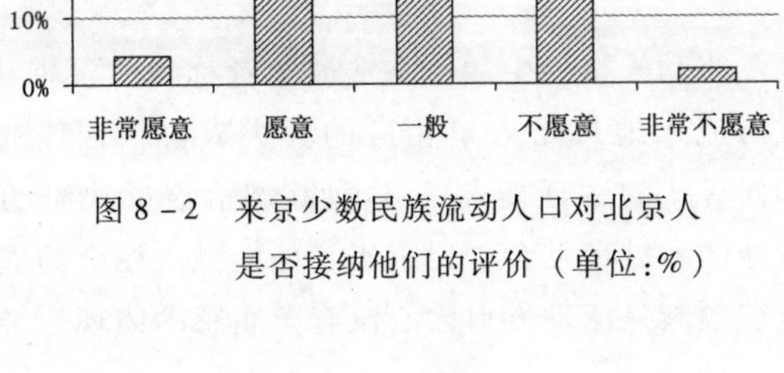


图8-2　来京少数民族流动人口对北京人是否接纳他们的评价（单位:%）

综上，在中国传统的乡土社会，长期以来建立起的是以血缘、地缘为主的熟人社会关系网络。外来务工人员流动的过程也是一个不断重新构建新的社会网络的过程。少数民族流动人口进入城市后，社会生活场所虽然发生了变化，但这并没有从根本上改变他们以血缘、地缘关系为纽带的社会网络边界，这样的社会关系网虽然有助于减轻农民工的交易成本和心理成本，却难以靠它获取城市资源。因此，再建构社会网就成为必然。在这个过程中，社会大众、政府机关与社会工作人员等应当对少数民族进城务工人员这一特殊的社会群体给予更多的关注，帮助他们重新建构新型的社会网络。城市少数民族流动人口的日常交流主要发生在因流动带出的初级关系，而以初级关系为基础的次级关系还没有完全建立。因此在建立好初级社会关系网络的同时，重新建立以业缘等为基础的次级的社会网络是非常必要的。这一方面需要他们自己努力，另一方面也要依靠政府的力量，应该说，他们已意识到了社会网络重建的重要性，并且也在对自己的社会关系网积极地维护和投入，但这种努力毕竟是有限的。这就需要通过相关公共政策的引导，为加强少数民族进城务工人员之间的交流创造条件，为他们与社区的交流创造条件，为他们构建社会网络提供平台，进而促进城市少数民族流动人口与城市的融合。

## 8.2 城市少数民族流动人口的社区参与

流动人口的生活状态常被学者称为“流而不迁”，并形成与流入地户籍人口相应的两类人群：常住的“外来人”和候鸟式的“迁徙人”，这种状态恰恰反映流动人口未能很好地融入城市社会，也阻碍了他们融入社会的进程。外在的迁徙颠簸是流动人口内心没有归属感的体现。唯有流动人口真心愿意留在城市打拼和长期生活，他们才有可能融合成为城市的一分子。而城市社区是流动人口融入城市的社会化组织载体，流动人口融入了社区才是融入了社会。对城市少数民族流动人口来说，同样如此。

### 8.2.1 城市少数民族流动人口社区活动参与情况

据笔者调查，北京市少数民族流动人口并非完全被排除在社区活动之外，他们中的一部分还是非常积极地参加社区活动的，据不完全统计，北京有22.03%的少数民族流动人口参加了社区的公益活动，18.64%的少数民族流动人口参加了社区的文体娱乐活动，还有11.86%的少数民族流动人口参加了社区的环境和治安活动（见图8-3）。除社区听证会议没有人参加过之外，有不同比例的少数民族流动人口参加过社区的社区服务、居民大会，选举活动和计生协会活动等。

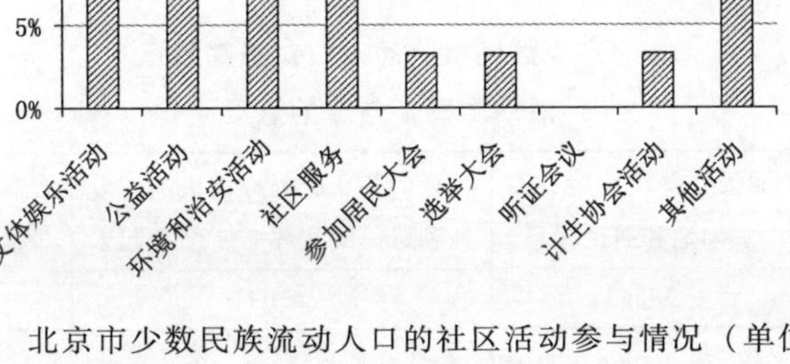


图8-3　北京市少数民族流动人口的社区活动参与情况（单位:%）

通过对在京少数民族流动人口不参加社区活动的原因的调查发现，50%的被调查者称没有时间参加社区活动；22.22%的被调查者称对社区的活动不感兴趣；8.33%的被调查者认为是因为没有好的组织者带领；13.89%的被调查者认为所在的小区没有组织相关的活动（见表8－4）。可见，70%以上的被调查者对社区活动不感兴趣或没时间参加，背后意味着社区活动并不能解决什么重要的问题，因此，也就没什么必要参加了。

**表8－4　北京少数民族流动人口不参加社区活动的原因**　单位：%

| 选项 | 我对社区的活动不感兴趣 | 我没有时间参加 | 没有好的组织者带领 | 我所在的社区没有组织相关的活动 | 其他 | 合计 |
|---|---|---|---|---|---|---|
| 比例 | 22.22 | 50.00 | 8.33 | 13.89 | 5.56 | 100 |

### 8.2.2　提高居民社区活动参与度的方法

积极参加社区活动的少数民族流动人口主要通过社区宣传栏和居委会通知了解社区活动。但是事实上，积极参加社区活动的来京少数民族流动人口的比例很少，在调查中少数民族流动人口也对提高居民参加社区活动提出了意见，30.43%的被调查者认为，应该加强社区宣传的力度，另有30.43%的被调查者认为居委会应该更加主动地和居民联系，还有26.09%的被调查者认为社区的各项活动应该更加充分地和居民的实际需要结合起来，还有13.05%的被调查者认为应该提高社区各项活动的质量（见表8－5）。

**表8－5　北京少数民族流动人口对提高社区活动居民参与度的意见**　单位：%

| 选项 | 加强宣传力度 | 居委会等组织应更加主动地和居民联系 | 社区的各项服务应该更加充分地和居民的实际需要结合起来 | 提高社区各项活动的质量 | 合计 |
|---|---|---|---|---|---|
| 比例 | 30.43 | 30.43 | 26.09 | 13.05 | 100 |

### 8.2.3　城市少数民族流动人口对所住社区的评价

以下是笔者调查的北京市少数民族流动人口对其所住社区

的评价结果。

**1. 对社区安全和方便度的评价**

北京市少数民族流动人口对所在社区评价一般，只有约40%的被调查者认为现住社区很安全，42.22%的被调查者不确定，约15%的被调查者认为所住社区不安全（见表8-6）。

表8-6　北京市少数民族流动人口对社区的安全和方便度的评价　单位:%

| 项　目 | 很不符合 | 不太符合 | 不确定 | 比较符合 | 非常符合 |
|---|---|---|---|---|---|
| 现在居住的小区很安全 | 6.67 | 8.89 | 42.22 | 40.00 | 2.22 |
| 现在居住的小区生活很方便 | 6.12 | 14.29 | 24.49 | 46.94 | 8.16 |

**2. 对社区满意度的评价**

北京市少数民族流动人口对其所住社区的公共场所卫生、道路灯光、交通状况、垃圾清理及公园绿化方面的评价基本一致。总体上说，约70%多的少数民族流动人口基本满意，20%多的被调查者对此不满意（见表8-7）。

表8-7　北京市少数民族流动人口对社区各种环境的满意度　单位:%

| 项目＼评价 | 很不满意 | 不太满意 | 一般 | 比较满意 | 非常满意 | 合计 |
|---|---|---|---|---|---|---|
| 公共场所卫生 | 8.51 | 19.15 | 44.68 | 23.40 | 4.26 | 100 |
| 道路灯光 | 8.33 | 18.75 | 43.75 | 22.92 | 6.25 | 100 |
| 交通状况 | 8.51 | 14.89 | 44.68 | 27.66 | 4.26 | 100 |
| 垃圾清理 | 8.16 | 18.37 | 53.06 | 16.33 | 4.08 | 100 |
| 公园绿化 | 8.33 | 10.42 | 47.92 | 25.00 | 8.33 | 100 |

**3. 社区最应该解决的问题**

在回答社区最应该解决的问题时，绿化、卫生、污染等环境问题是被调查者认为最应该解决的问题，占被调查者的32.05%，其次是交通问题占16.67%、治安问题占12.82%和社区文化体育设施的建设问题占10.26%（见表8-8）。

表8-8 社区存在的问题 单位：%

| 问题 | 比例 |
|---|---|
| 交通问题 | 16.67 |
| 绿化、卫生、污染等环境问题 | 32.05 |
| 治安问题 | 12.82 |
| 餐饮娱乐业等社区经济发展问题 | 2.56 |
| 菜市场等综合配套生活设施的改善问题 | 5.13 |
| 社区就业问题 | 6.41 |
| 社区文化建设、知识培训教育等问题 | 6.41 |
| 社区民主决策问题 | 1.28 |
| 社区文化体育设施的建设问题 | 10.26 |
| 其他 | 6.41 |
| 合计 | 100 |

## 8.3 城市少数民族流动人口的教育培训

在城市化进程中，在中国教育资源短缺的情况下，流动人口的教育问题往往被忽视。城市少数民族流动人口及子女的教育培训现状如何，未来需要哪些教育和培训，是影响城市少数民族流动人口更好融入城市生活的重要方面，下面分别讨论城市少数民族流动人口的继续教育及其随迁子女的教育问题。

### 8.3.1 城市少数民族流动人口的继续教育

城市少数民族流动人口大多数来自农村地区，来自城镇的不到三成。教育水平普遍以初中水平以下为主，加强管理和引导，提高流动人口整体素质，妥善解决他们生活、就业、教育的困难，保护其合法权益，是政府部门和其他相关部门必须面对的问题。只有通过成人继续教育的途径，才能使城市社区的居民与流动人口群体能够认识社会排斥产生的制度根源与思想根源。同时，人们必须充分认识，在推进中国社会转型过程中，实现城乡不同社会阶层之间的社会融合与和谐，成人继续教育承担着十分重要的社会职能。通过成人教育，可以提高劳动者职业技能，改善劳动者经济状况，实现城乡流动人口的经济融合；通过相关的政策法规等教育学习，增强流动人口的权利与责任意识，深化他们与当地社区的心理融合；通过提升竞争和创新以及接受现代生活方式等教育，实现流动人口的文化融合。

所以，实施和加强对流动人口的继续教育是解决流动人口问题的一项重要内容。而且，随着中国经济的发展和对劳动力综合素质与文化水平要求的提高，流动人口的继续教育问题将会显得日益紧迫和突出。冯增俊曾说过："从农民工到外来工，从简单打工到服务发展，是一个从农业社会向工业化社会的历史转变。不能把握这个时代转变，必然导致严重的社会问题。"①

**1. 北京市少数民族流动人口的受教育情况**

城市少数民族流动人口的受教育程度一般高于民族地区的平均受教育水平而低于所在城市居民的平均受教育程度。笔者本次的调查结果显示，近50%的被调查者受教育水平在初中水平以下，70%的被调查者受教育程度在高中水平以下（见图8－4）。也有近20%的大专以上的受教育者，但是成人继续教育仍不容忽视。

因为同第一代农民工不同，新一代的外来工所需要的已

① 冯增俊.外来工融入城市社会难题的教育策应［OL].搜狐财经.2012－02－03.http：//business.sohu.com/20120203/n333663112.shtml.

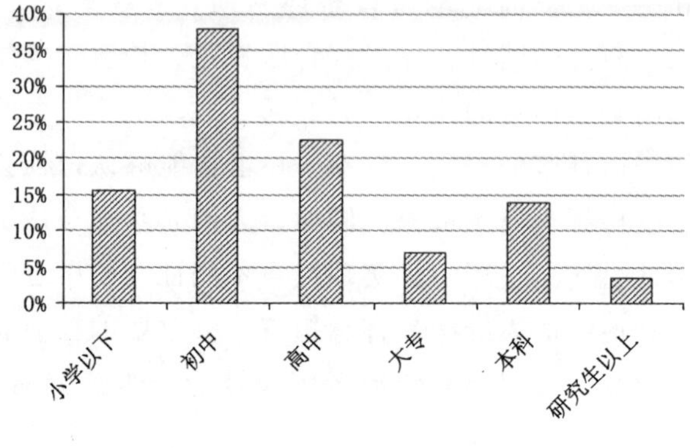


图 8-4 调查中北京市少数民族流动人口的受教育程度（单位:%）

经不仅仅是一份“赚钱糊口的临时工作”，而更多的是希望找到适合自己发展的地方和工种，开创自己的未来。他们不再是农民工，而是外来工，他们不再像父辈那样在城乡之间来去匆匆，而是以积极的姿态参与到新的社会环境中，力争融入新的社会进程，并发挥自己的作用。

因此，正是由于与第一代农民工仅仅打工赚钱后返乡的需求不同，致使近年来外来工事件频发，其中以吸收大量外来工的广东等沿海开放地区最甚。调查显示，广东佛山甚至有高达 45.43% 的外来工企图通过极端群体性事件维权，这是社会融合欠缺的重大信号，任其发展必将导致极为严重的恶果。广东新塘、潮州以及国内多地出现的各种群发事件，都反映出关注外来工融合社会问题的迫切性。可以说，这些地区迫切需要这些最具活力的生力军，却又因为不同的文化和需求，造成这些外来工与本地社会的隔离、矛盾及冲突。这既有外来工本身存在的问题，更有社会管理、文化传统、社会体制尤其是教育设计上的缺陷。因此，除了需要迅速改善当下社会管理状况外，更应当从源头上反思和改进国家发展体制，从根本上解决外来工融合当地社会问题。其中，教育治理是最重要的因素之一，对城市少数民族流动人口的继续教育更是迫在眉睫。

**2. 北京市少数民族流动人口职业培训情况**

据笔者对北京市少数民族流动人口职业培训情况的调查显示，有超过50%的被调查者参加过相关的职业培训，约40%的被调查者从没参加过职业培训。当问及若没有参加过职业培训的被调查者是否愿意参加培训时，超过80%的被调查者表示愿意参加或可能参加培训（见表8-9）。

表8-9　北京市少数民族流动人口是否愿意参加培训的调查　单位:%

| 项目 | 我非常愿意参加 | 我比较愿意参加 | 我可能会参加 | 我不愿意参加 | 合计 |
|---|---|---|---|---|---|
| 比例 | 39.13 | 34.78 | 10.87 | 15.22 | 100 |

**3. 小结**

总之，面对外来工的实际情况，政府及企业都应当重新设计接纳外来工的工作机制，特别是要建立起完整的教育措施。一是建立专门为外来工进行系统技术技能培训的体系。在接纳外来工时就应建立起用工档案和培训档案，把培训技术资格作为上哪级工种及晋升的基本条件；二是规定外来工与本地工人都必须参与社会知识讲座，学习各种社会知识，参与相关生活及社会问题研讨会；三是鼓励外来工积极参与本地社会事务，吸收他们承担社会服务等工作，在接触中了解、参与和融入社会。

其实为促进农村流动人口社会融合中的成人教育，1993年开始，政府就启动了《国家流动人口培训战略1993～2010年农民工培训国家计划》。1993年，农业部、教育部、劳动和社会保障部等六个部委共同启动了1993～2010年农村剩余劳动力转移培训计划。根据该计划，在1993～2010年期间3500万农村剩余劳动力将接受必要的实用技术和知识培训，并实现向非农产业或城市的转移。培训的主要内容包括三个方面：一是以流动过程和制度为核心的培训；二是以生产实用技能为核心的培训；三是以劳动者权利为核心的培训。具体实施机制是

"国家阳光工程"等一系列培训工程。同时国家还支持社会组织积极广泛参与农村流动人口培训（比如，教育机构采用市场机制提供培训服务、国际非政府组织广泛参与流动人口培训）；鼓励企业与劳动组织开展在职培训；鼓励社区组织流动人口开展主题培训与学习活动；同时提倡流动人口进行有自我导向的学习。

### 8.3.2 城市少数民族的子女教育

一般而言，流动人口的子女大体有两类：一是流动人口留守子女，即为留守在家里，远离进城务工的家长的子女；二是流动人口的随迁子女，顾名思义，就是跟随家长进城务工的流动人口子女。对流动人口随迁子女的城市融入问题，由于流入地与流出地在经济结构、户籍制度以及社会、文化、行为习惯、生活方式等方面的巨大差异，"流动的困惑"随之而来。

从1996年4月教育部印发的《城镇流动人口中适龄儿童少年就学办法（试行）》在部分省市进行试点开始，到2001年国务院发布《关于基础教育改革与发展的决定》提出"两为主"的政策，要求解决流动人口子女接受义务教育问题，以流入地区政府管理为主，以全日制公办中小学为主；直至2006年新修订的《中华人民共和国义务教育法》对流动人口子女在流入地接受义务教育的权利以法律的形式做出保护，这一系列政策、法规的实施使流动人口子女城市教育融入的制度性障碍逐步消除。

虽然国家相继出台了各种打破"流动子弟教育壁垒"的政策，以保障他们的教育问题，但由于各种各样的原因，还是有一部分流动人口子女并未享受到优惠条件。有些学校容纳量不是很理想，连本社区的学生安排都比较紧张，更何况流动人口子女；国家政策虽然非常好，但有些学校执行程度不理想。导致一部分随迁子女处于失学状态，或者到其他非公立学校学习。这些非公立学校在整个教育系统中是特殊的教育群体，大多数达不到国家基本的标准。卫生条件、照明条件等各方面的设施都很差。

据笔者在北京市对部分少数民族子女教育问题的调查显示，有小孩的流动人口中有三分之二的被调查者表示孩子不在北京，只有三分之一的被调查者表示孩子在北京上学。由于被调查者多为年轻人，他们或者还没有孩子，或者孩子很小还在老家，如果孩子到读书的年龄，他们还是很想让孩子到北京接受教育的。

以新疆来京少数民族流动人口为例，来京的少数民族大多数都以维吾尔语为母语，到京后他们零星学会了一些极为简单的汉语日常用语，汉语的顺利沟通却成问题。这使得部分新疆来京的少数民族子女难以接受以汉语为授课语言的学校教育。笔者通过访谈对新疆喀什、伊犁的中小学教育状况调查了解到：新疆以维吾尔语为母语的少数民族都是上的维族学校，教师授课也是维语授课，课本也是维文。汉语只是他们的第二语言。而到了北京后，他们的语言环境变了，也没有了专门的维语学校。所以他们的子女上学就会出现一些问题。

值得庆幸的是北京的小学教育还是关注少数民族的教育需求的。北京宣武区牛街回民小学是一个极具少数民族特色的学校，那里的孩子可以选择阿拉伯语课，家长都很鼓励孩子学习阿语，2012 年 7 月底笔者去调查的时候正赶上他们“闭斋”，那些孩子也都跟着家长戒斋，并很骄傲地告诉我他在学阿拉伯语，并且很愿意学。

总之，随着流动人口的增加，流动人口子女教育问题越来越凸显出来。尽管在数量上越来越多的流动人口子女进入城市接受教育，但是在现实中由于城乡教育的差距，他们在融入城市教育的过程中会面临学习、语言、心理等方面的不适应。因此，要在城市少数民族教育中关注流动人口子女的身份融入、文化融入和心理融入，这不仅是城市少数民族流动人口适应城市生活的基本途径，也是其社会融入的重要内容。

# 第9章 dijiuzhang 城市少数民族流动人口的心理适应性

少数民族流动人口作为在语言、宗教信仰、风俗习惯等方面与城市市民以及普通流动人口有一定差异的民族文化携带者群体，他们从民族地区的农村、牧区进入到陌生的城市，其自身具有的乡村牧区文化与少数民族传统文化不可避免地与都市的现代文化发生碰撞，再加上城市体制方面的因素，一部分少数民族流动人口将会遇到一定程度的心理不适应的问题。较之以普通流动人口而言，其中一部分少数民族流动人口面临的心理问题将会更特殊，更值得关注。

## 9.1 城市少数民族流动人口心理问题的内涵

城市少数民族流动人口心理研究的内容非常广泛，从所处地点来看可以分为在流出地的心理、流动途中的心理以及在流入地的心理；从心理的效应来看可分为积极心理与消极心理；从发生对象来看可分为对城市、外人的心理与对家乡、熟人的心理等等。

### 9.1.1 城市少数民族流动人口心理问题的内涵

少数民族流动人口的心理既不同于民族地区的少数民族流动人口，也不同于普通流动人口。相对于前者，能够走出民族地区本身就表明其具有一种开放、向上的积极心理，是值得肯定的，相对于后者，城市少数民族流动人口既有流动人口的共性，也有基于民族身份与传统文化形成的特性，“少数民族流动人口除了一般流动人口的各种困难与烦恼外，还抱有作为少数民族的特殊困难和心理适应问题”，需要区别对待①。

毋庸置疑，心理问题是少数民族流动人口流动过程中面临的一个重要问题，也是少数民族流动人口心理研究的一个重要内容。心理学上的心理问题是指人们心理上出现的问题，其不同于生理疾病，是由人内在的精神因素准确地说是大脑中枢神经控制系统所引发的一系列问题，如情绪消沉、心情不好、焦虑、恐惧、人格障碍、变态心理等等消极的与不良的心理，按照严重程度可以分为心理健康、不良状态、心理障碍和心理疾病 4 个等级。社会学、人类学视野中的“心理问题”，是一个比“心理疾患”或“心理障碍”内涵更丰富、外延更广泛的概念。它包括社会成员在价值观层面、人格层面和社会适应能力层面等出现的障碍性症状。之所以称其为一种问题，是因为这种障碍性症状所产生的负面效应，不仅会让当事者个体所感知，而且也会被社会有关方面所感知。具体到少数民族流动人口的心理问题，则是指少数民族人口在流动过程中，其携带的民族传统文化与异质性的现代都市文明相遇、碰撞而对其心理产生的影响，进而出

① 汤夺先，张莉曼. 少数民族流动人口的心理问题及其调适［J］. 贵州民族研究. 2010 (3).

现某些消极与不良心理的情况。显然，少数民族流动人口的心理问题不能脱离社会文化而存在，其主要表现为消极心理，多为他们在城市中因为文化不适应而导致的心理不适问题。这种心理问题本质上是一种群体性问题，但可能多会以个体心理问题的形式表现出来。而城市则是少数民族流动人口心理问题的主要发生区域，心理问题的指涉对象更多地与城市社会和城市居民有关。

### 9.1.2 城市少数民族流动人口心理问题的分类

按照城市少数民族流动人口因文化差异而导致的心理不适的严重程度可将其心理问题分为一般心理问题、不良心理问题、极端心理问题等。按照其在城市中的生活时间来划分，通常可以分为进入城市初期的心理问题、工作生活期间的心理问题以及离开城市的心理问题。一般心理问题多是刚刚进入城市初期，背井离乡来到城市后寻找工作不顺利、做生意不如意以及得不到城市人的认可而产生的某些心理问题，比如紧张心理、受困心理、挫折心理、焦急心理、悲观心理等等；不良心理问题是指部分人在城市生活工作期间没有很好地融入城市进而产生的某些心理问题，比如缺乏对外交往的自卑封闭心理与空虚孤单心理、抱团心理与民族内部交往心理、自我保护心理、对城市缺乏认同与归属感的过客心理、怀旧心理，甚至有些人还可能出现某些极端的心理，比如压抑心理、失衡心理、对抗破坏心理、仇视报复心理等。当然不排除大部分人积极融入城市而认同城市的情况。后者则是部分人离开城市后产生的某些心理，如被歧视心理、被剥夺心理以及怨恨心理等。在城市中，如果不能很好地解决这些问题的话，将会在很大程度上影响到少数民族流动人口对城市的认同，进而影响到城市社会稳定与城市民族关系，甚至会发展成为民族问题。

## 9.2 城市少数民族流动人口的心理状况

心理适应主要体现在社会认同感和归属感方面。下面，以武汉市和北京市两地少数民族流动人口的心理状况为例，探讨城市少数民族流动人口的心理状况。

### 9.2.1 武汉市少数民族流动人口的心理状况

**1. 初到城市时的心理状况**

据刘毅在武汉市的调查数据显示①，少数民族流动人口进入城市最初的心理不适应主要有想家（29.4%）、缺少亲朋好友（21.6%）、城里人不好交往（19.6%）等。同时，33.3%的人认为自己的少数民族身份对其在城市的发展带来“很大不便”或“偶有不便”，35.4%的人认为“没有影响”，27.4%的人认为“有一些方便”或“有许多方便”。

**2. 工作生活中的心理**

多数人对目前就业状态的满意度偏低，其中，23.5%的人认为“自己的工作不稳定”，31.5%的人认为“自己的工作虽然稳定但不满意”，只有37.2%的人对自己的工作“比较满意”或“很满意”。总之，初到城市的心理不适应，加上对工作的不满意，少数民族流动人员进入城市后有着独特的心理感受，与汉族流动人员相比，他们的心理可能更加敏感和脆弱，容易引起各种苦恼和误解，甚至有受歧视的

① 刘毅.城市少数民族流动人口社会融入与社会管理创新［J］.中央社会主义学院学报.2011（10）.

感觉。

其调查还显示，武汉的少数民族流动人口在与本地人交往的过程中，有58.8%的人“一般会”或“经常会”意识到自己是外地人，只有23.6%的人“不经常”或“从没有”意识到自己是外地人。

**3. 离开城市的心理**

据刘毅的调查，在留城倾向上，武汉的少数民族流动人口有62.7%的人“很愿意”或“比较愿意”在城市定居，只有21.6%的人“不太愿意”或“很不愿意”在城市定居。当进一步问及将来是否会选择留在武汉时，有33.3%的人认为“武汉是个暂时挣钱的地方，攒够了钱就回家”，有31.4%的人认为“要看发展，如果发展得好就留在武汉”，有15.7%的人表示“喜欢武汉，要尽可能留在武汉”，有7.8%的人觉得“武汉经济发展太慢，准备到其他大城市去”，还有11.8%的人觉得“说不清”。由此可见，少数民族流动人员在城市归属感上表现出一种矛盾的心理状态，即大多数少数民族流动人员的“外地人”意识比较强烈，但是，他们却有着强烈的城市定居愿望，仅有少部分人具有过客意识，仅仅将武汉当作是一个暂时挣钱的地方。由此可见，就业或创业是否顺利是影响城市少数民族流动人员归属感的一个重要因素。因此，他们的现状导致了他们在心理上难以融入城市。

## 9.2.2 北京市少数民族流动人口的心理状况

**1. 初到城市时的心理状况**

（1）对北京人的感受。据笔者对北京市少数民族流动人口的调查，在回答“您认为北京人是否愿意接受您成为其中的一员”的问题时，52.08%的被调查者回答“基本愿意”，而回答“比较愿意”或“非常愿意”的只占

33.34%，回答“不太愿意”或“非常不愿意”的则为14.58%（见表9－1）。可见，80%以上的被调查者还是认为北京人会接受他们的。

表9－1 “您认为北京人是否愿意接受您成为其中一员”的调查　　单位:%

| 选项 | 非常愿意 | 比较愿意 | 基本愿意 | 不太愿意 | 非常不愿意 | 合计 |
|---|---|---|---|---|---|---|
| 比例 | 4.17 | 29.17 | 52.08 | 12.50 | 2.08 | 100 |

（2）对自身的感受。被调查者在回答到北京后且有了居住地后对自己的身份的理解时，高达56.82%的被调查者认为自己是“外乡人”，15.90%的被调查者认为自己是“农村人”，13.64%的人认为自己是“农民工”，只有13.64%的被调查者认为自己是“城里人”了（见表9－2）。可见居住在城里并不能改变他们对自己不是城里人的认同，他们很难一到北京就认为自己是城里人了。

表9－2　北京少数民族流动人口对自己身份的理解　　单位:%

| 选项 | 城里人 | 外乡人 | 农民工 | 农村人 | 合计 |
|---|---|---|---|---|---|
| 比例 | 13.64 | 56.82 | 13.64 | 15.90 | 100 |

**2. 工作生活中的心理**

（1）对目前工作的满意度。被调查者在回答“对目前工作的满意度时”，对目前工作“不太满意”或“非常不满意”的占15.68%，49.02%的被调查者对目前的工作“基本满意”，而35.29%的被调查者则对自己目前的工作“比较满意”或“非常满意”（见表9－3）。原因是在北京的工资收入比在家乡时有一定程度或很大的改善。

表9－3　北京市少数民族流动人口对自己目前工作的满意度　　单位:%

| 项目 | 非常不满意 | 不太满意 | 基本满意 | 比较满意 | 非常满意 | 合计 |
|---|---|---|---|---|---|---|
| 比例 | 7.84 | 7.84 | 49.02 | 27.45 | 7.84 | 100 |

（2）对生活压力的感受。对于在北京生活的压力感受方面，选择“很轻松”、“压力小”、“压力适中”的被调查者分别占被调查者的 13.95%、4.65% 和 20.93%；此外 39.53% 的被调查者感觉到生活“有较大压力”，20.93% 的被调查者感觉到“压力非常大”（见表 9-4）。也就是说只有 39.53% 的被调查者感觉在北京生活“压力适中”或“很轻松”，高达 60.46% 的被调查者感觉到了极大的生活压力。

表 9-4　北京市少数民族流动人口对生活压力的感受　单位：%

| 选项 | 很轻松 | 压力小 | 压力适中 | 有较大压力 | 压力非常大 | 合计 |
|---|---|---|---|---|---|---|
| 比例 | 13.95 | 4.65 | 20.93 | 39.53 | 20.93 | 100 |

（3）对生活动力的感受。对于来北京的生活动力，见世面、挣钱、交友被排在了前三位。39.29% 的被调查者认为是可以多见世面；21.43% 的被调查者认为可以多挣钱；16.07% 的被调查者认为可以多交朋友，还有 10.71% 的被调查者认为可以让孩子到北京读书（见图 9-1）。可见，他们来北京的主要目的是挣钱和开阔眼界。

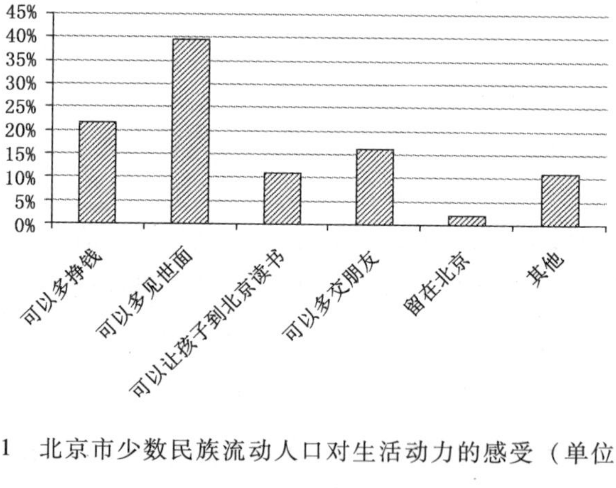


图 9-1　北京市少数民族流动人口对生活动力的感受（单位：%）

（4）对生活信心的感受。对来京的少数民族流动人口的调查发现，他们对于继续在北京生活下去的信心方面，只有 30.95% 表现出了“有信心”或“非常有信心”；而 57.14% 的被调查者则表现出信心“一般”的状态；另有11.9%的被调查者表现出“没有信心”或“非常没有信心”（见表9－5）。可见，超过80%的被调查者还是对未来有一定信心的。

表9－5　北京市少数民族流动人口对生活信心的感受　单位：%

| 选项 | 非常有信心 | 有信心 | 一般 | 没有信心 | 非常没有信心 | 合计 |
|---|---|---|---|---|---|---|
| 比例 | 7.14 | 23.81 | 57.14 | 7.14 | 4.76 | 100 |

（5）对是否幸福的感受。对于在北京生活的是否幸福的问题，来京少数民族流动人口中有43.90%的被调查者认为“幸福”或“非常幸福”；认为生活“一般”的占46.34%；此外，有9.76%的被调查者认为在北京生活“不幸福”或“非常不幸福”（见图9－2）。可见，在强大的生活压力面前幸福的感觉也说不太清了，不过感到“不幸福”和“非常不幸福”的只占10%左右。

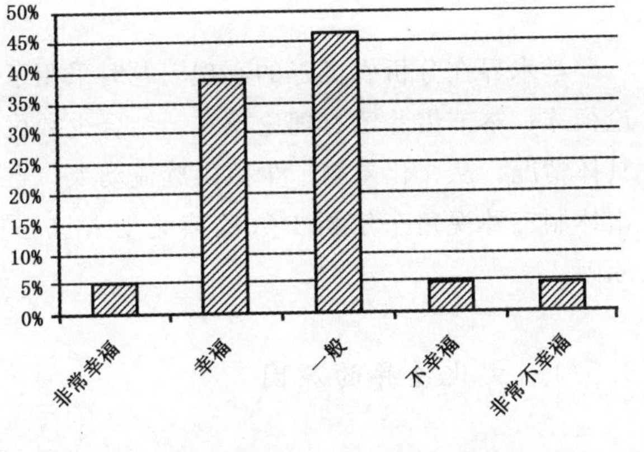


图9－2　北京市少数民族流动人口的幸福感受（单位：%）

综上，可以看到在京少数民族流动人口中大部分表现出对目前的工作还是基本满意的。虽然感受到一些压力，但是还是基本有信心的，既可以多挣钱又可以开阔眼界是他们的主要的生活动力，他们感受到生活很一般，但也有40%左右的被调查者感受到幸福，不过有超过10%左右被调查者表现出非常负面的情绪，而这些将是他们心理问题积聚的根源，应该受到足够的重视。

**3. 离开城市的心理**

对于未来是否打算在北京居住生活下去的调查，30%左右的被调查者回答“会”，超过60%的被调查者则回答“不会”，可见城市少数民族流动人口中只有少数打算将来留在北京，多数人还是要回到家乡的，是“流而不迁”的。当然回答“不会”的被调查者中有一半表示，如果在北京发展得好的话，还是很愿意留下来的。

## 9.3 城市少数民族流动人口心理状况及出现问题的原因

学术界在分析农民工的心理问题时采用了一些有效的理论模式，本节借鉴已有理论模式，结合少数民族流动人口的具体情况，从文化差异、少数民族流动人口自我感受以及城市体制三种视角来解析少数民族流动人口心理问题出现的原因。

### 9.3.1 文化差异的原因

部分少数民族流动人口自身携带的人力资本禀赋较低，不仅文化素质低下，语言交往能力较差，而且专业技术缺乏，缺乏竞争能力，在城市社会中无法更好地适应城市管理方式和城市现代文明。由于在生活方式、价值观念、风俗习惯、宗教信仰等方面与城市居民存在着较大的差异，他们自身携带并适用于民族地区乡村的民族文化、乡土文化与城市现有的生活方式与管理制度等城市现代文明之间存在着较大的不一致，因此，可能会出现心理问题①。

美国人类学家奥伯格（Kalvero Oberg）的“文化冲击”理论（又称为“文化休克”理论）认为，一个人进入到不熟悉的文化环境时，因失去自己熟悉的所有社会交流的符号与手段而产生的一种迷失、疑惑、排斥甚至恐惧的感觉。具体表现在生理上反映为持续不断的身体上的疲劳感、长期的精神压力、对失去熟悉的食物和伙伴的不适、对新环境居民的反感、对自己价值观受到亵渎的不满、对自己的角色产生混乱而感到不舒服、对自己应付环境的无能感等等。在跨文化适应中，文化冲击的强弱、明显程度往往与家乡文化和新环境文化的差异大小成正比。

少数民族流动人口来到陌生的城市中，新环境中的城市文化对其原来熟悉的家乡文化与民族传统文化产生较大的冲击，部分人短时间内可能感到无所适从，进而出现心理问题②。显然，少数民族流动人口的文化与城市现代文化之间存在着一定的文化距离。一般情况下，文化距离越大，适应就越困难，少数民族流动人口携带的作为“小传统”的民族文化与城市社会具有的作为“大传统”的都市大众文化的迥异，“乡土”与“现代”的断裂，使得少数民族流动人口在城市中面临因为生存环境变迁带来的文化极度不适应甚至是文化威慑。显然，城乡之间、民族之间的文化距离与文化差异以及基于此出现的文化冲突与文化不适应是少数民族流动人口心理问题出现的根本所在。当然，这种文化不适应是双向的，不仅仅是少数民族流动人口对城市文化的不适应，城市居民对少数民族流动人口文化的不适应也是重要层面。

---

① 汤夺先. 城市少数民族流动人口问题论析［J］. 中南民族大学学报. 2009（2）.

② 汤夺先. 少数民族流动人口的心理问题及其调试［J］. 贵州民族研究. 2010（6）.

### 9.3.2 少数民族流动人口的自我感受

少数民族流动人口进入城市后，所面临的是全新的城市世界和城市人群体，与城市人相比较会获得不同的自我感受，而这种感受往往会导致心理问题的出现。美国学者希曼（Hebert Hyman）提出的参照群体概念，最初是指一个人没有加入但又按照其价值规范来评价与指导自己的行为的群体。个体在心理上所从属的群体，是个人认同的为其树立和维持各种标准、提供比较框架的群体。个体将其参照群体的价值和规范作为评价自身和他们的基准以及自己的社会观和价值观的依据。据此理论，部分少数民族流动人口在城市工作生活期间将城市居民作为自己的参照群体和比较对象，当他们与这种地位较高、生活条件较好的城市人群体相比较时，将会产生一种需求得不到满足的心理状态，会出现较强的相对被剥夺感，尤其是他们作为城市中的双重弱势群体，这种被剥夺感就会更强烈。

“镜中人”理论亦可用来说明部分少数民族流动人口为什么会出现心理问题。美国社会学家库利（C. H. Cooley）认为，个人的自我认知、评价与定位产生于他人与社会对自己的反应，每个人的“自我”观念都是他人这面“镜子”的反射。少数民族流动人口进入城市的目的多是为了获得较好的收入，改善生活条件，但现实是，他们并没有受到城市人的欢迎，反而遇到了来自城市人的种种不满、歧视与责备。

在城市人这么多面镜子中，少数民族流动人口明白了自己的位置和形象，形成了城市中的“自我”形象定位。部分人因此对城市及城市居民产生不满乃至怨恨心理，甚至会在这种负面“标签”的心理暗示下，心理发生扭曲，逐渐形成越轨的潜意识，出现一些社会越轨行为。这种解释方式有些牵强，但在一定程度上可以反映出少数民族流动人口因为外人的看法而形成自己的感受进而致使心理问题的出现。

### 9.3.3 城市体制的原因

从城市层面来看，城市中的体制与制度是所有流动人口心理问题出现的外在原因，少数民族流动人口也不例外。当前，中国是典型的城乡二元体制，现行的户籍管理制度、劳动就业制度、社会保障制度等以及与此密切相关的教育、卫生、福利等政策均将重心偏向于被纳入其中的城市居民，而作为不具有城市户籍的外来人口包括少数民族流动人口则不能够享受。显然，城市的体制性、制度性与政策性等限制了少数民族流动人口享受到普遍意义上的国民待遇，为少数民族流动人口认同并融入城市设置了障碍。不仅如此，来自城市社会的偏见与歧视将会极大地伤害少数民族流动人口的自尊心与民族感情，增加其与城市居民之间的社会疏离感。城市中的部分居民对少数民族流动人口怀有一种概念化的印象，习惯戴着有色眼镜来看待他们，总认为他们“落后、野蛮、不讲卫生、缺少教养”等，不愿意或不喜欢主动与他们打交道，处于一种主动交往隔离与断裂的状态。在心理意识上，少数民族流动人口由于受城市排斥而存在着高度的疏离感，成为游离于城市之外的群体。虽然少数民族流动人口基于民族、宗教的因素与城市原有的少数民族之间会产生某种认同，但在城乡二元社会结构与城市管理体制的影响下，这种认同可能会让位于城里人与农村人、汉族人与少数民族的差异。因此，内群体与外群体的区分会产生来自城市人对流动人口群体的歧视与来自少数民族流动人口对城市的不认同感与无归属感。

## 9.4 城市少数民族流动人口心理问题的调适

少数民族流动人口的心理问题已经成为影响其对城市认同与融合的根本性问题。如何调适、消减和解决少数民族流动人口的心理问题，实现少数民族流动人口对城市的心理适应已经非常迫切。

### 9.4.1 城市少数民族流动人口心理问题调适的必要性

通常认为，心理上的适应是城市少数民族流动人口适应城市的最高等级，是其真正认同并融入城市的标志，只有完成了心理的适应，才算完成了真正意义上的适应过程。少数民族流动人口的经济适应、社会适应和文化心理适应虽同时发生但呈现出一种依次递进的关系。也就是说，只有让少数民族流动人口能够把城市的行为规范、价值观念、生活方式内化，在心理上认同城市，在情感上产生归属感，才算真正实现了心理适应。而要真正使少数民族流动人口实现对城市的心理适应，必须对少数民族流动人口进行心理调适，消解少数民族流动人口的心理问题。在这个意义上讲，心理调适是作为少数民族流动人口心理适应的方式和手段，依托个体实施调适；心理适应则是对少数民族流动人口进行心理调适的目的和结果，是集体层面上的一种结果反映。对少数民族流动人口的心理调适与引导其同城市的心理适应是一致的。心理学上的心理调适是人们在出现了一些心理压力和心理障碍时，能够主动地运用心理学的一般理论和方法来调节自我，缓解心理压力，排除心理障碍，达到心理健康的过程；

心理适应则是以情感反应为基础，指向在跨文化接触中的心理健康和生活满意度。在跨文化接触的过程中，如果没有或较少产生抑郁、焦虑、孤独、失望、想家等负面情绪，就算达到心理适应。显然，它们不关注社会文化与社会结构变迁，而侧重于个体层面开展的活动与实现的结果。我们所说的心理调适与心理适应不完全等同于心理学意义上的概念，其根植于社会文化，通过与城市社会、文化的调适进而完成跨文化的心理适应。

### 9.4.2 城市少数民族流动人口心理问题调适的途径

对城市少数民族流动人口进行心理调适必须立足于民族文化与城市文化，心理适应的结果应该是城市文化与少数民族文化双向调适的基础上所形成的集体情感反应的正确性与心理的健康和谐。不仅关注个体的心理问题，而且关注少数民族流动人口群体与当地文化的接触、互动与适应。而究竟如何实现跨文化适应，有研究者提出了少数民族流动人口文化适应包括物质维度、制度维度与精神维度三个层面①。即心理适应必须建立在物质适应、制度与社会适应基础上。当然，心理适应是根植于文化适应上的结果反映，少数民族流动人口文化适应的一般过程为文化震撼与抗拒——文化学习与模仿——文化吸收与整合。通过排斥、学习、吸收与整合最终实现文化认同和心理适应。一旦出现文化冲突、文化震撼导致的心理问题时，心理调适的重要性就体现出来了。心理调适是处理调适少数民族流动人口与城市人们关系的一个重要层面，并且心理调适是少数民族流动人口和城市汉族群众的双向调适。因此，依托实施少数民族流动人口特点构建一套适用于少数民族流动人口的心理调适机制势在必行。

① 陈晓毅. 城市外来少数民族文化适应的三层面分析模式 [J]. 贵州民族研究. 2005 (5).

笔者认为，引导机制、疏通机制是调整城市少数民族心理问题的必要组成部分。引导机制主要是采取多种方式引导少数民族流动人口在心理上主动与城市相适应；疏通机制则是当少数民族流动人口遇到心理问题时采取积极主动的措施进行疏通，帮他们排解心理问题，缓释心理压力。当然，对少数民族流动人口心理进行调适的基础是少数民族传统文化与城市现代文明之间的彼此理解、认同与和谐。开展心理调适的主体应该是城市民族工作相关机构（以民委为主的城市相关职能部门）、民族社团（包括少数民族社团、宗教组织、其他民间团体）、社区组织以及少数民族流动人口自身等多个主体。具体说来，从城市来看，基础工作是给少数民族流动人口提供良好的社会空间，城市民族工作部门通过宣传民族政策形成尊重少数民族风俗习惯与文化的环境，消除城市居民的偏见与歧视；给少数民族流动人口提供足够的就业、创业、子女就学等帮助，解决他们遇到的困难和问题。当然，还要发挥城市少数民族、宗教场所与宗教界权威人士、少数民族民间社团的积极作用，让他们发挥联系城市与少数民族流动人口的中介作用。从少数民族流动人口自身来说，提高文化素质，增强与外界的交流能力，拓展交往空间，增强心理抗挫能力也是非常重要的。

# 第10章 dishizhang

# 城市少数民族流动人口的社会保障

社会保障作为一项基本人权，理应为生活在这个国家的每一位公民所享有，这在国际上已经是通过国际人权文件予以确认的。早在1948年联合国大会通过的《世界人权宣言》（Universal Declaration of Human Rights）第二十二条就有所规定："所有公民，作为社会成员之一，都享有社会保障权。"第二十五条第一款进一步规定："人人有权享受其本人及其家属所需的生活水平，举凡衣、食、住、医疗及必要的社会服务均包括在内，于失业、患病、残疾、寡居、衰老或因不可抗力的事故使生活能力丧失时，有权享受保障。"

由此可见，社会保障权是现代社会中的一项基本人权，是维持人类生存和发展不可剥夺的普遍权利，每一位社会公民都应平等地享受这一权利，不应因其民族、信仰、肤色、职业、居住地域等不同而有所区别。同样，对于城市少数民族流动人口来说，他们也普遍享有社会保障权，并且不会因为其民族、职业、户籍地的不同而受到不平等的对待，他们应和城市中的其他人一样，当基本生活陷入困境时平等地享有社会保障权。从这种基本人权意义上来理解，城市少数民族流动人口的社会保障权是其在城市的生存和发展过程中，为人的尊严而从国家和社会平等地获得物质帮助和其他形式的服务的权利，这样他们才能维持基本生存、提高生活质量乃至享受社会普遍的福利。这种人权意义上的社会保障权为城市少数民族流动人口平等地享有该项权利提供了重要的理论依据。

中国的城市少数民族流动人口主要是在改革开放之后进入城市的，多数在一些商业和服务行业工作，除此以外还有一部分走街串巷的商贩以及处于半失业状态的流动少数民族。他们虽然在当地城市从事各种工作和活动，但是其从事的职业往往是社会中比较低层次的且多为暂时性的工作，而且包括那些在当地城市有固定工作的流动少数民族在内，他们都不具有当地城市户籍。正因为城市流动少数民族这种弱势群体地位，他们有许多权利往往难以得到实现，尤其是其在失业保险、工伤保险、社会福利、社会优抚等社会保障方面的权利常常得不到应有保障①。

## 10.1 城市少数民族流动人口的社会保障现状

从普通法律来看，中国的《城市民族工作条例》对保障城市少数民族的合法权益做了相应规定，其中提到要加强城市少数民族流动人口的管理，保护其合法权益。但对城市少数民族流动人口社会保障权的具体内容，该条例并未进行规定。因此，中国对城市少数民族流动人口社会保障权的保护多是参照国家一般法律法规的规定，如《城市居民最低

① 王允武，王莹. 城市少数民族流动人口的社会保障权及其实现［J］. 民族学刊. 2011（1）.

生活保障条例》(1999)、《国家民委党组关于做好杂居、散居少数民族工作报告》(1999)、《中华人民共和国社会保险法》、《失业保险条例》、《中华人民共和国职业病防治法》等；或者参照一些地方的与民族工作有关的法律法规，如北京市民委下发的《关于加强北京市社区民族工作的意见》(2004)、《北京市少数民族权益保障条例》等。

目前，中国尚未建立完善的社会保障制度。根据中国正在建构的以“四根支柱”为框架的社会保障制度，下面介绍中国城市少数民族流动人口的“社会保险权”、“社会福利权”、“社会救助权”和“社会优抚权”方面的现状。

### 10.1.1 城市少数民族流动人口社会保险的实现状况

国家作为社会保障的义务主体，对城市少数民族流动人口社会保险的实现属于义务性的、非赢利性的，需要与那些商业保险区别开来。城市少数民族流动人口的社会保险是指包括养老保险、失业保险、医疗保险、生育保险、工伤保险等在内的一组社会保障权利。

从总体上来看，城市少数民族流动人口中已经有一部分参与了某些城市社会保险项目，但主要是一些医疗保险和生育保险方面的社会保险项目，而且多数情况下是在国家政策的扶持下参保的。城市少数民族流动人口参加各项社会保险的人口比例仍然相当低，社会保险权的实现情况不容乐观。

养老保险权方面，目前在基本体制上仍然没有接纳城市少数民族流动人口。由于城市少数民族流动人口持有的多是农业户口，因此被城市养老保险制度排斥也不足为奇。依据《国务院关于开展新型农村社会养老保险试点的指导意见》，2009年新型农村社会养老保险制度的试点覆盖面为全国10%的县（市、区、旗），之后逐步扩大试点，在全国普遍实施，预计到2020年之前基本实现对农村适龄居民的全覆盖。据笔者2012年暑期在新疆喀什疏附县、疏勒县的部分乡村调查发现，当地已基本实现农民养老保险。根据2010年6月25日《喀什地区扩大转型农村社会养老保险试点实施办法》的通知，喀什地区坚持“保基本、广覆盖、有弹性、可持续性”的基本原则，已经将喀什地区新农保试点范围扩大到了喀什的13个市县。但是据调查，绝大多数农民都选择个人最低缴费标准100元。

在失业保险权方面，根据《中华人民共和国失业保险条例》第二条的规定来看，有关失业保险方面的规定多是针对“城镇的职工”设定的，不具备城镇户籍的城市少数民族流动人口被排除在外。

在医疗保险权方面，城市少数民族流动人口的权利实现情况在近两年有很大改善，中国在2009年推进了全国性的全民医保方案，在2010年完成了从制度设计到实际操作的全部过程，医保制度覆盖全国13亿人口。以前处于医保制度“真空地带”的城市少数民族流动人口，在此次医保制度改革中也被覆盖了。据笔者2012年在内蒙古自治区赤峰市巴林右旗以及新疆维吾尔自治区喀什地区疏附县、伊犁地区伊宁县等地的农村调查发现，“新农合”已全部覆盖，很多农民都受到了“新农合”的益处。

在生育保险权方面，由于女性在中国城市少数民族流动人口中只占少数，因此，相关执法部门对城市流动少数民族女同胞的生育保险权不够重视，在立法上虽然中国已将生育保险制度的实施范围由国有企业扩展到所有城镇企业的各类职工，但在执法上没有将其落到实处，城市流动少数民族女同胞的生育保险权并未得到法律保障。

在工伤保险权方面，虽然在立法保护上不存在对城市少数民族流动人口的歧视，但在法律的具体运用中，一些用人单位常常有法不依，在与城市少数民族流动人口订立劳动合同时利用法律规避责任，城市少数民族流动人口本身又缺乏工伤保险权的维权意识。因此，对城市少数民族流动人口工伤保险权进行保护的法律往往如同虚设，能体现其价值的时候少之又少。

据《中国流动人口发展报告2012》显示，2011年，就业流动人口参加养老保险、医疗保险、工伤保险、生育保险和住房公积金（“五险一金”）的比例均不超过30%。以北京市为例，2011年流动人口参加养老、工伤、失业保险的比例都只有同城同龄户籍人口的一半左右，生育保险和住房公积金，只有户籍人口的1/3。尽管如此，北京市流动人口保障情况依然是全国同龄流动人口中最好的。

据笔者对北京市少数民族流动人口的调查显示，40.38%的被调查者参加了养老保险，23.40%的被调查者享有失业保险，57.69%的被调查者享有医疗保险，享有工伤保险和生育保险的被调查者分别占34.09%和19.15%，而享有住房补贴的仅占被调查者的12.50%。具体调查结果，见表10－1。当问到他们目前最需要的社会保险时，被调查者将医疗保险、失业和养老保险排在前三位。

**表10－1　北京市少数民族流动人口参加社会保险情况**　单位:%

| 五险一金 | 享有 | 不享有 | 不清楚 | 合计 |
|---|---|---|---|---|
| 养老保险 | 40.38 | 46.15 | 13.46 | 100 |
| 失业保险 | 23.40 | 61.70 | 14.89 | 100 |
| 医疗保险 | 57.69 | 32.69 | 9.62 | 100 |
| 工伤保险 | 34.09 | 52.27 | 13.64 | 100 |
| 生育保险 | 19.15 | 59.37 | 21.28 | 100 |
| 住房补贴 | 12.50 | 72.92 | 14.58 | 100 |

### 10.1.2　城市少数民族流动人口社会福利权的实现状况

社会福利是国家和社会向全体社会成员提供的一种社会保障待遇，如义务教育、各种公共福利设施和福利性补贴等。只要是中国公民，无论其民族、户籍、文化程度等都有权利享有，当然也包括城市少数民族流动人口在内。在城市流动少数民族子女的义务教育方面，中国目前并无专门的法律规定，主要参照的是各地方出台的外来务工人员子女就学管理办法。不同城市地区的管理办法对外来务工人员子女的义务教育权都进行了明确，为城市少数民族流动子女的义务教育权的实现提供了重要保障。在具体的实现过程中，一些城市少数民族流动人口的子女甚至能够与所在地的市民子女享受同等待遇。除此以外，对于那些经济较困难的来自农村的少数民族流动人口的子女还实行“两免一补”政策。

但是在福利性事业方面，受户籍制度的影响，包括各种福利企业、养老院、孤儿院等在内的各种城市福利性设施和服务，都没有对城市少数民族流动人口完全开放，同时在福利性补贴方面如为城镇居民发放的副食补贴等，也没有把城市少数民族流动人口考虑在内。

### 10.1.3 城市少数民族流动人口社会救助权的实现状况

中国现行的社会救助制度主要包括三部分：城市社会救助、灾难救助、农村社会救助，其中城市社会救助即城市最低生活保障制度是专门针对城市居民构建的，是指“政府对城市中收入不足以维持最低生活标准的贫困者提供帮助，以保障他们的基本生活”。城市少数民族人口作为城市中的一个群体，理应享有城市社会救助权，但在现实生活中他们却很少能从当地政府获得基本的物质生活帮助。造成这种事实的原因是错综复杂的，其中《城市最低生活保障条例》通过户籍制度对该项权利享有主体的限定应是主要障碍，该条例第二条规定：享有城市救济权的主体必须是“持有非农业户口的城市居民”。而城市少数民族流动人口大部分来自农村，持有的大都是农业户口。因此被排除在城市社会救助范围外。但是又因为城市少数民族流动人口已经由农村流入城市，脱离了农村，农村社会救助体制也未将其涵盖进去，其农村社会救助权也难以实现。城市少数民族流动人口由此成为社会救助的政策边缘户，他们既不是城市救济权的权利主体，也不能成为农村社会救济权的实际享有者。

### 10.1.4 城市少数民族流动人口社会优抚权的实现状况

作为一项特殊的社会保障权，社会优抚权是军人及其家属从国家或社会依法得到优待、抚恤、安置的权利。对于符合社会优抚权主体资格的城市少数民族流动人口，其社会优抚权得到了一定程度的实现，尤其是针对一些迁入城市的少数民族随军家属当地政府和相关部门给予了高度重视，往往会对其进行妥善安置。然而，对于一些城市少数民族流动人口中的退役军人及其家属，他们的社会优抚权却经常被忽视。因其流入有关城市后没有解决其户籍身份，并没有因为其属于特殊优抚对象而享受到应有的优待，这显然是有失公平的。当然，除了户籍原因外，也与被优抚对象流入城市后自己与当地相关部门联系沟通不畅有关。但制度不完善无疑是城市少数民族流动人口社会优抚权保障不到位的重要因素。

## 10.2 城市少数民族流动人口社会保障不到位的原因

从以上关于城市少数民族流动人口社会保障权实现情况的具体分析，我们可得知，城市少数民族流动人口的社会保障权在一定程度上得到了实现，一些少数民族同胞已经从中得到了社会和国家的物质帮助或其他形式的服务。但是我们仍然会发现，在城市少数民族流动人口社会保障权的实现过程中，一些思想和制度上的障碍限制了社会保障制度的适用，严重影响了城市少数民族流动人口社会保障权的实现效果。据相关调查研究显示，这些障碍的形成与思想观念、户籍管理、法律制度等方面的原因有着必然的牵连。

### 10.2.1 思想观念上的原因

**1. 对流入城市的少数民族人口存在歧视**

在中国现行的社会保障法律制度中，对城市少数民族流动人口区别对待，从思想观念上来看主要来自对少数民族同胞的歧视。城市少数民族流动人口由封闭、落后的民族地区进入繁华的大都市，同其他城市流动人口遭遇的情形一样，受到城镇原始居民的排斥和歧视。同时由于少数民族同胞一些特殊的生活习惯、文化风俗在城镇居民中难以得到认同，因此与城市中的其他流动人口相比，城市少数民族流动人口更容易遭受城镇居民的歧视。如一些城市执法人员在具体社会保障法律执行上，对城市少数民族流动同胞的态度不够真诚、热情，对不了解政策的少数民族同胞解释政策缺乏耐心。这些都形成了城市少数民族流动人口社会保障权利实现的障碍。

**2. 政府在制度设计上对城市少数民族流动人口的社会保障问题重视程度不够**

现代社会保障不再是传统的恩赐式官办慈善事业，也不是以是否建立合约承诺为基础，它是建立在社会发展进步和社会公平、正义基础之上的，人们基于对平等、幸福、和谐生活的追求，以及国家保障全体国民共享经济社会发展成果的一项制度安排。政府对城市少数民族流动人口社会保障的解决并非是政府承担已有的承诺，而是国家和社会保障每一个社会公民免除生存危机、享受到经济社会发展成果的应然职责，但就现实情况来讲，政府在制度设计上并未足够重视城市少数民族流动人口的社会保障问题，迄今为止几乎没有专门就城市少数民族流动人口社会保障问题出台政策。

**3. 城市少数民族流动人口参与社会保障的意识淡薄**

城市少数民族流动人口对于社会保障的认识不够充分，参与社会保障的思想意识也并未深入人心，如多数城市少数民族流动人口宁愿多要工资也不愿意缴纳相关社会保障费用。然而对城市少数民族流动人口社会保障权的实现不是单靠国家和社会的力量就能完成的。同时还需要提高城市少数民族流动人口积极参与社会保障的意识，如对医疗保险的积极参与，对社会公共福利服务的主动享有，对侵犯社会保障权的行为积极寻求救济等。就目前来看，在这些方面，城市少数民族流动人口并没有进行积极地参与，其原因是复杂的，除了上述提到的那些主观因素以外，还有外因的促使，就是用人单位的消极对待。一些用人单位对城市少数民族流动人口的社会保障往往是不闻不问，从而导致城市少数民族流动人口的社会保障权更加难以付诸实现。

### 10.2.2 户籍管理上的原因

从社会保障法律法规的具体规定中，我们可以看出户籍管理是限制城市少数民族流动人口实现社会保障权的最显著的体制障碍，如《城市最低生活保障条例》中明确规定，享有城市救济权的主体必须是“持有非农业户口的城市居民”。由于流入城市的少数民族成员多为农业户口，故被排除在外（当然，即使是“持有非农业户口的城市居民”异地流入者也不一定享受到该项权利）。这种根据地域和家庭成员关系将户籍属性划分为农业户口和非农业户口的做法，是中国户籍制度的特色，也是城乡二元结构的标志。中国大量的社会保障法律都在贯彻这种“理念”，通过立法对这种立足户籍制度的差别给予了肯定。这种法律上的差别对待，导致来自农村的流动少数民族成员即使可以进入城市、参与城市建设，但却摆脱不了“农业户口”这种身份标记，城镇社会保障制度对其排斥也成了“理所当然”的事情。在户籍制度成为经济社会发展桎梏并对法治社会建设形成障碍的今天，我们不得不关注这种严重影响社会保障制度建立与发展、阻碍社会保障权平等享有的现实。

值得庆幸的是，在上海、深圳等大中城市已经开始实行居民居住证政策。2010 年 5 月 27 日，国务院转发了国家发改委《关于 2010 年深化经济体制改革重点工作的意见》，这是中国首次在国务院文件中提出在全国范围内实行居住证制度。该意见在“推进城乡改革”部分提到，深化户籍制度改革将加快落实放宽中小城市、小城镇特别是城市中心落户条件的政策。进一步完善暂住证登记制度，逐步在全国范围内实行居住证制度。

### 10.2.3 法律制度上的原因

**1. 没有针对城市少数民族流动人口社会保障权的特别立法**

目前，在中国对城市少数民族流动人口社会保障权的保护多是参照一般法，如《中华人民共和国劳动保险条例》、《工伤保险条例》、《失业保险条例》等，但这些社会保障法律、法规和规章主要是针对城镇居民，能适用于城市少数民族流动人口的只有很少一部分。因此，从某种意义上说对城市少数民族流动人口的社会保障权立法多为空白。社会保障权作为一项基本人权本应为每一个公民平等享有，而且中国《宪法》第四十五条也有明文规定：“中华人民共和国公民在年老、疾病或者丧失劳动能力的情况下，有从国家和社会获得物质帮助的权利。”据此，城市少数民族流动人口作为中国公民，应该享有与城镇居民平等的社会保障权利，但中国目前尚未对城市少数民族流动人口的社会保障权进行特别的立法保护。

**2. 劳保监察的执法效率不高，不能满足社会需求**

劳保监察的主要任务是对用人单位进行劳动保障监察，确保其贯彻执行劳动保障法律、法规和规章。但目前全国各地劳动保障监察等在职人员合计为1.7万人，而全国用人单位约2700万户，涉及劳动者近3亿人，平均到每名监察人员身上，是1600户用人单位和1700名劳动者①。在这种情况下，社会保障权的实现情况必然得不到太多保障，对于城市少数民族流动人口来说，这一法律制度上的原因也对其社会保障权的实现带来诸多不便。此外，劳保监察另一项主要任务常常被人们忽视，即宣传劳动保障法律、法规和规则的任务。由于目前劳保监察对社会保障法的宣传力度不够，许多城市少数民族流动人口尚未意识到维护其社会保障权的重要意义，从而也影响了其社会保障权的具体实现效果。

**3. 有法不依，执法不严的现象比较严重**

对于已经出台的适用于城市少数民族流动人口的社会保障法，一些用人单位往往视而不见，不按国家相关规定与城市少数民族流动人口订立劳动合同，通过这种方式来规避为城市少数民族流动人口缴纳社会保障费用的责任，特别是一些私营企业不依法缴纳社会保障费的现象十分普遍。

据笔者本次对北京市少数民族流动人口是否签订了书面劳动合同的调查显示，只有11.32%的被调查者与用人单位签订了长期劳动合同，20.75%的被调查者与用人单位签订了短期劳动合同，另有5.66%的被调查者与用人单位签定

① 罗志先.试论农民工社会保障权的法律保护［J］.现代法学.2006（6）.

了以完成一定工作任务为期限的劳动合同，而高达62.26%的被调查者并未与用人单位签订劳动合同（见表10－2）。

表10－2　北京市少数民族流动人口签订劳动合同情况　单位：%

| 是否签订劳动合同 | 没签 | 签了无固定期限（长期）劳动合同 | 签了短期劳动合同，期限不足1年 | 签了以完成一定工作任务为期限的劳动合同 | 合计 |
| --- | --- | --- | --- | --- | --- |
| 比例 | 62.26 | 11.32 | 20.75 | 5.66 | 100 |

造成这种情况的主要原因是政府对这些企业提出的要求多是通过部门通知的形式下达的，其法律效力远不及那些法律、法规。因此，在实践中往往会由于一些企事业单位不依法办事，从而导致城市少数民族流动人口在发生工伤事故或者面临失业之时，社会保障权得不到应有的保障。与此同时，司法人员在面对这些违法违规的现象时，在惩治和预防方面的执法不严，也是导致城市少数民族流动人口社会保障权实现障碍的执法方面的主要因素。

当前，中国城镇的社会保障体系框架已经基本建立，但还存在不少问题，限制着乡村人口进入城镇。少数民族流动人口能够享受的社会保障或者含混不清，或者干脆被排除在外。这样，进入城镇就业的少数民族流动人口就缺乏保障，对未来的生活顾虑重重，不可能很好地融入城市。尽管政府一再强调企业要把每一个职工纳入社会保险，但是因为种种原因，少数民族流动人口在城市的参保率依然很低。这意味着绝大多数的少数民族流动人口是没有任何社会保障的，他们参保率低已经成为一个无法回避的现实，为每一个少数民族流动人口参保的工作任重而道远。

总之，维护城市少数民族流动人口合法权益是一个综合性的系统工程，需要围绕少数民族的特殊性从各个角度、多层面进行服务和管理。

# 10.3 城市少数民族流动人口的社会保障对策

在现代文明社会，确保公民享有社会保障权是国家和社会的一项应然职责，公民获得国家提供的社会保障也不再是国家的一种恩赐，而是国家保障全体公民共享经济社会发展成果的一项制度安排。同样，国家对城市少数民族流动人口社会保障权的实现也需要提供完善的制度化保障，促进城市少数民族流动人口社会保障权的实现。

## 10.3.1 树立正确的社会保障平等观，促进城市少数民族流动人口社会保障权的实现

**1. 社会保障权是现代社会的一项平等权**

城市少数民族流动人口作为现代社会的成员之一理应平等地享有该项权利，不能因为其民族、宗教信仰、户籍等不同而区别对待。因此，在现实生活中，我们要消除对城市少数民族流动人口的歧视，改变其因民族、户籍原因而造成的权利不平等状况，真正按照宪法赋予公民的社会保障权的规定，给予城市少数民族流动人口平等的市民待遇，把城市少数民族流动人口从政策边缘户的尴尬身份中解救出来。

**2. 城市少数民族流动人口社会保障权的实现是国家和社会的基本义务**

公民拥有社会保障权是现代文明社会的一个标志，使公民有尊严地生活是现代文明国家和社会的一项基本义务。城市少数民族流动人口作为国家公民，同其他城镇居民一样有权利要求国家履行该项基本义务，无论该项义务的具体履行

者即政府是否承诺过，对城市少数民族流动人口社会保障权的实现都是其应尽的职责。在具体的操作实施过程中，相关政府部门不能以没有承诺过为理由而推卸责任，而是应该积极主动地解决城市少数民族流动人口的社会保障问题，为城市少数民族流动人口平等的实现社会保障权保驾护航。

**3. 加强对城市少数民族流动人口社会保障法律法规的宣传，促进其树立正确的社会保障法律观念**

对进城务工的少数民族流动人口，要对其进行社会保障法律方面的宣传培训，使他们知道自己同城里人一样平等地享受国家提供的帮助，了解到当自己身处何种困境时能够享受到相应的社会保障以及如何实际地享有到这种权利。同时，在这种社会保障平等观念的引导下，城市少数民族流动人口要主动提升自己的维权意识，积极参与社会保障。

### 10.3.2 加快城市少数民族流动人口社会保障法律制度的建构，完善城市少数民族流动人口社会保障法律的运行机制

**1. 通过立法促进城市少数民族流动人口社会保障权的法治化**

中国目前针对城市少数民族流动人口社会保障权的保障多是政策性的规定，不具可操作性，而已出台的社会保障法又多是针对城镇居民的，从某种意义上来说对城市少数民族流动人口的社会保障权的立法是空白的。在当今的法治社会中，这种立法的空白对城市少数民族流动人口社会保障权益造成的损害是不可估量的，因此我们要加快把国家针对城市少数民族流动人口的权益保障政策落到实处，促进城市少数民族流动人口社会保障权的法治化。在具体操作上，我们要结合城市少数民族流动人口的特点提高立法质量，如城市少数民族流动人口从事的职业往往是社会中较为灵活的职业，

其收入很难得到保障，我们在设定社会保险的缴纳费用时可以适当考虑这些因素，这种结合城市少数民族流动人口实际生活情况的立法，将使其社会保障权更容易由应然权利变为实然权利。

**2. 加强执法监督，提升执法能力，建立城市少数民族流动人口社会保障权法律保障机制**

在劳动行政执法方面，要加强人力资源与社会保障部门依法行政的监督力度，认真贯彻落实国家有关城市少数民族流动人口社会保障权的法律法规，把法律规定的城市少数民族流动人口的法定权利义务转化为现实的权利义务，并加大对用人单位社会保障法律法规贯彻落实的监督检查力度，对那些侵犯城市少数民族流动人口社会保障权的用人单位，依法追究法律责任，对权利受到侵害的少数民族人员要及时予以救济。

**3. 提高办案效率，重视司法救济，完善城市少数民族流动人口社会保障法律的运行机制**

对于城市少数民族流动人口进行申诉的社会保障案件，要在公平、正义的原则下，及时有效地进行处理，对于一些争议较小的案件，司法人员要积极主动地奉劝双方当事人进入调解程序，以免引起大的民族争端。民族问题的敏感性为城市少数民族流动人口社会保障的司法工作增添了难度，对司法人员的工作能力提出了新的要求。除此以外，司法机关还要加强对司法救济的重视，如果忽视司法救济，城市少数民族流动人口的社会保障权的法律保障就难以落在实处。

因此，对于那些侵犯城市少数民族流动人口的社会保障权的行政行为，司法机关要为城市少数民族流动同胞提供司法救济的途径，使得城市少数民族流动人口对那些侵犯自己权利的行政行为提起诉讼，可以通过行政诉讼的方法实现自己社会保障权的司法保障。

### 10.3.3 积极推进城市少数民族流动人口社会保障配套制度的改革

**1. 淡化户籍制度对城市少数民族流动人口社会保障制度的影响**

中国户籍制度最大的特色就是根据地域和家庭成员关系将户籍属性划分为农业户口和非农业户口。中国的社会保障制度因为受户籍制度影响也呈现出城乡分离的特点，这严重阻碍了来自农村的城市少数民族流动人口社会保障权的实现。因此，我们要淡化户籍制度对城市少数民族流动人口社会保障制度的影响，将城市少数民族流动人口与城镇居民统一于城镇社会保障体系。同时，我们也要缓解户籍制度对社保基金分配不公的支持，以确保城市少数民族流动人口与城镇人口享受同等待遇的社会保障。可以说目前在许多大中城市正在试点的居住证政策改革是对少数民族流动人口户籍制度的有益尝试。

**2. 建立城市少数民族流动人口保险关系的省际转移制度**

针对城市少数民族流动人口流动性比较大的特点，各省市之间应建立相互转移社会保险关系的制度，保障城市少数民族流动人口到各地务工或返乡的同时，其社会保障关系也会随其转移，使得城市少数民族流动人口在何时何地都能实现其社会保险权。

**3. 对城市少数民族流动人口的社会保障进行分类管理**

对于那些具有稳定工作，并在当地城市居住满一定年限的城市少数民族流动人口，纳入到所在城镇的社会保障体系中，与同城居民享受到相同的待遇，但同时还要确保其社保关系能在全国范围进行转移。对于那些没有固定工作单位的城市少数民族流动人口，应建立起以其身份为基础的社会保障的账户，保障这一账户可以在全国范围内随意流通。

**4. 促进廉租房制度的改革，解决低收入城市少数民族流动人口住房困难**

中国目前的廉租房制度主要面向的是城市低收入者，但由于房源紧缺，具体落实下来往往是本地居民受到优先对待，城市流动人口几乎享受不到这项制度带来的实惠。在这种情况下，政府要继续大力投资建设城市廉租房，解除户籍和身份对城市少数民族流动人口享用廉租房政策的限制，确保进城务工的城市少数民族流动人口都能租得起房子、租的上住房，真正实现其在住房方面社会保障权。

# 第11章 dishiyizhang
# 城市少数民族流动人口的管理与服务策略

城市民族工作既是民族工作的重要组成部分，也是城市工作的重要组成部分。切实保障和维护少数民族合法权益，帮助少数民族发展经济社会等各项事业，尊重少数民族宗教信仰和风俗习惯，发挥城市的窗口作用和辐射作用，不断增强民族团结，是城市民族工作的重要内容。做好城市民族工作，不仅有利于城市的社会安定、经济繁荣，而且有利于各民族的团结进步和繁荣发展。

随着中国现代化建设和城市化步伐的日益加快，从农村农牧区到大中城市，从西部边疆到东部沿海地区，各族群众流动和交往不断加强。然而，由于风俗习惯、宗教信仰、语言的不同以及文化水平的差异，少数民族流动人口，特别是少数民族流动经商人员给城市管理带来了新的挑战。面对大量的少数民族人口流入城市务工、经商，许多城市的政府及其有关部门也采取了一些积极有效的应对措施，积累了一些经验，但总体上看，存在的问题仍然较多。特别重要的一点，就是管理方式不适应，仍较多停留在防范式管理的层次，离“服务＋管理”的层次仍有较大差距。目前，城市少数民族流动人口的领导体制和服务机制尚不健全，由某一个部门进行直接管理难度较大，必须依靠民族、民政、工商、公安等部门协调配合、共同服务和共同管理。这方面工作的方式方法还有待进一步探索。特别是拉萨“3·14”事件和乌鲁木齐“7·5”事件，虽然两起事件本身并不是民族问题，也不是流动人口的问题；但两起事件都发生在城市，都涉及少数民族人员，在国内外都产生了重大的影响，也在少数民族成员的心理上产生了不可估量的影响，甚至一定程度上可以说是唤起了一些少数民族的民族意识，这对中国当前和今后一个时期的民族团结进步事业造成了极大的不利影响，势必给城市少数民族流动人口的服务和管理工作带来新的挑战。工作环境有所变化，工作难度空前加大，势必需要研究新的更有针对性的对策。可以说，少数民族流动人口的服务和管理工作，已经成为当前城市民族工作、甚至是民族工作全局中的重中之重。

## 11.1 城市流动人口管理历程——以北京市为例

改革开放以后，北京市流动人口服务管理的历程集中反映了中国城市流动人口服务管理的进程。根据历史背景、方针政策、工作目标等因素的不同，可以将改革开放以来的北京市流动人口服务管理工作分为四个阶段：第一阶段（1978～1984年），未严格户籍管理阶段；第二阶段（1985～1994年），为暂住证兴起阶段；第三阶段（1995～2001年），为系统证件管理阶段；第四阶段（2002年至今），为调整转型阶段。这四个阶段前后更迭，其政策指向、工作目标逐渐变迁。

### 11.1.1 1978～1984年：严格户籍管理阶段

自1958年1月《中华人民共和国户口登记条例》正式实施后的很长一段时间里，中国一直处于城乡隔离状态。然而1978年的改革开放为结束人口城乡隔离提供了契机。但是当时严格的户籍制度及其上附加的各种社会功能仍然全面维持着城乡二元分治的格局，为人口自由迁移设置了重重制度障碍，当时北京市流动人口管理的最主要的制度背景就是暂住登记和收容遣送制度。

在这一阶段，流动人口管理是以户籍制度为核心的对流动人口的全面限制。严格执行《中华人民共和国户口登记条例》，符合条件的流动人口必须向户口登记机关进行登记，居住时间一般不得超过三个月，否则要向户口登记机关申请延长居住时间。由于当时严格限制招用外地员工，所以，一般人很难有在京居住三个月以上的理由。如果没有正当理由滞留的，应当返回原籍；如果不自行返回的，很可能被以收容遣送的形式遣返回原籍。同时，自1953年以来形成的以户籍为依据的生活消费品供应制度仍然发挥着作用，居民购买生活消费品要到指定的供应店凭票证和钱购买。没有票证，通常无法通过正常渠道买到生活消费品。因此进京的流动人口要么通过非正常渠道获得生活消费品，要么只能自理口粮。

除了前述的行政手段之外，还有一种就是进京介绍信制度，即来京居住的非家庭户人员必须持有省市地级相关部门开具的进京介绍信，才能在北京的公共住所暂住的一种身份证明制度。这一制度既有控制人口进京的作用，又有维护首都社会治安的作用。

在中国户籍制度逐步发挥了维护社会治安、进行人口统计和社会管理的功能之后，中国的城乡二元分治格局成为限制流动人口的巨大制度性障碍。在这样的背景下，北京市流动人口管理的主要内容是户籍登记、限制招收外地工、查验进京身份证、收容遣返等一系列行政管制手段，并无自身的独特内容，基本可以归属于人口管理与治安管理的范畴。因此，这一阶段北京市流动人口管理的目标是严格限制外地人口流入，确保人口规模适度，以及首都安全有序。这一目标主要是针对人口规模迅速扩张对城市基础设施以及社会治安带来的压力而设定的。

而1978～1984年正值改革开放的初始期。全国转入了以经济建设为中心的轨道上来，农村以联产承包责任制为核心的改革不仅在国家的政治层面成为一种基本的经济制度，而且在中国绝大多数农村地区成为现实；在城市以价格为突破口的改革正逐步展开。由于农村经济体制改革释放了巨大的生产力，粮食产量大幅增长，“改变了20多年来城乡粮食供给的紧张情况，使国家放松对农民进城的限制成为可能。”家庭联产承包责任制解除了农村集体经济组织对农民的束缚，加之土地数量有限，低下的劳动效率以及较低的劳动收入，使农村剩余劳动力进城寻求就业成为必然。同时城市以户籍制度为依据的生活消费品供应制度的松动，也为农村剩余劳动力进城就业提供了条件。更为重要的是，像北京这样的大城市，随着经济建设的蓬勃开展，城市有吸纳外来劳动力的需求，为农村剩余劳动力提供了很多就业岗位。这种内需外推的拉动效应使得北京市吸引了一批外来流动人口，1980年北京流动人口总量为18.6万人，到1984年北京市流动人口为19.8万人，增幅为18.87%。但是由于严格的户籍管理制度，1979～1984年期间北京市的流动人口增幅并未大幅提高。

### 11.1.2 1985～1994年：暂住证兴起阶段

随着改革开放战略的不断深化，农村经济体制改革不断深入，城市化的脚步不断加快，由此带来了全国范围内的人口大流动。这种不可逆转的现实推动着户籍制度发生着某种松动。

当时越来越多的农民进入城镇务工经商，迫切需要解决在城镇落户问题。1984 年，《国务院关于农民进入集镇落户问题的通知》规定："凡申请到集镇务工、经商、办服务业的农民和家属，在集镇有固定住所，有经营能力，或在乡镇企事业单位长期务工的，公安部门应准予落常住户口，及时办理入户手续，发给《自理口粮户口簿》，统计为非农业人口。"自户籍制度确立以来，这是第一次为农村人口进城出台国家政策。由此开启了农民工涌向北京的闸门。此一阶段小城镇户籍制度改革也不断深入。同时，为了适应改革开放后公民在各种交往中日益增多的身份证明的需要，1985 年，《中华人民共和国居民身份证条例》发布，规定："居住在中华人民共和国境内的年满十六周岁的中国公民应当依照本条例的规定，申请领取中华人民共和国居民身份证。"1985 ~1994 年，是北京的快速发展阶段，经济社会发展对外来劳动力的需求逐渐释放出来，流动人口总量快速增加。1985 年，北京市国民生产总值为 257.8 亿元，而到 1994 年就猛增到 1084.03 亿元，增幅超过了三倍。经济社会的快速发展，使就业需求大幅增加，北京不仅完全消化了本市新增的劳动力，还招收了大量外地农村劳动力。在 1985 年全市流动人口已达到了 23.1 万人，而到 1988 年则达到了 59.8 万人。虽然受到国民经济治理整顿的影响，北京市流动人口经历了短暂的回落，但是其一路上升的趋势并没有改变。北京市流动人口调查数据表明，1994 年，北京市外来人口达 63.2 万人，比 1985 年增加 173.6%。

这一阶段，北京市建立起以暂住证为基本依托的管理制度。1985 年北京市政府颁布了《关于暂住人口管理的规定》，北京市公安局颁布了《实施〈北京市人民政府关于暂住人口管理的规定〉的细则》以及若干具体问题的通知。其中明确规定：凡从本市行政区域以外来京暂住人员，均应向暂住地公安派出所申报暂住登记。其中十六周岁以上（含十六周岁）暂住期拟超过三个月的，必须申领《暂住证》，《暂住证》有效期一般为半年，最长不超过一年，逾期作废。暂住期满仍需留住的，应向公安派出所办理延期手续。《暂住证》由暂住人员随身携带，以备公安机关查验。暂住证管理规定，自1986年1月1日起开始实施。这三个文件构成了这一阶段北京市流动人口管理工作的主要法律依据，也为实现以证管人奠定了基础。1986年，北京市政府决定对流动人口实行综合治理，贯彻谁主管谁负责的原则，推行治安承包责任制，要求各留住单位要指定专人负责暂住证申领工作，并明确各自的管理责任。1986年4月底，全市初步在各单位、村民委员会建立起暂住人口登记、管理制度，并确定了专兼职户籍员1.5万人。北京市强调公安、工商、房管、劳动服务公司等有关部门相互协调，齐抓共管流动人口。建立了对出租房屋、建筑施工单位的治安承包责任制，推行“谁用人、谁留住、谁负责”。

这一阶段的流动人口管理工作是以暂住证改革为主导，以流动人口的治安管理为核心，其管理的主要目的是维护社会治安，保证城市秩序。在原有的暂住登记制度下，公民的异地居留时间虽然受到了三个月的限制，但是这种暂住登记本身仅仅是一个公民在异地居留的行政确认行为，便利于国家进行人口统计以及掌握社会成员的基本状况；出于便利公民流动与政府管理的双重需要，公安部出台了暂住证和寄住证制度之后，消除了公民异地居留的一般性时间限制。但是从北京的实际来看，暂住证制度更像一种行政许可制度，而非行政确认制度。在实施《北京市人民政府关于暂住人口的管理规定》的细则中，列举了十二类可以（同时也是必须）申领暂住证的人员，事实上这构成了一种申领暂住证的主体限制，同时每一类主体在申领暂住证时必须提供相关的证明文件，这就构成了申领暂住证的条件限制。由于当时暂住证制度的强烈的行政许可色彩，暂住证虽然对当事人而言成为一种合法居留的证明性文件，但是其强化治安管理，维护城市秩序的特征就更为明显了，甚至意味着可以在某种情况下利用暂住证制度对外来人口进行某种筛选。北京市将社会治安综合治理体制与流动人口管理体制结合起来，更是将流动人口管理看作社会治安综合管理的重要方面的证明。层层确定责任主体，分类管理的方式也确保了流动人口的有效管理。有意思的是，在北京市流动人口管理工作中尚未将流动人口的规模控制作为一个核心问题。这一方面是由于改革开放的脚步迅猛，本地劳动力不能满足经济社会发展的需求，对外来劳动力表现出了极为强烈的需求；另一方面虽然中央指示北京市要严格控制人口规模，但是在这一阶段仍然将控制首都人口规模的着眼点放在人口的机械增长上，流动人口数量的增长尚未被作为首都人口规模扩张的主导因素来看待。

### 11.1.3　1995～2001 年：系统证件管理阶段

这一阶段，改革开放已经进入了向社会主义市场经济迈进的时期。社会转型的特征进一步明显，城乡二元分治的格局逐渐松动。流动人口服务管理也迎来了一个新的时期。

这一阶段北京市采取了流动人口规模控制的有效措施，加之国家在一段时间内实行的“适度从紧”的财政货币政策，北京市固定资产投资规模有所压缩，同时一些传统的工业和乡镇企业生产不景气，1997 年北京市外来人口 154.5 万人，没有超过 1996 年 181.7 万人的规模，但是随着全国范围内的一系列打破城乡二元结构，建立新型户籍制度改革的进行，中央出台了一系列保护流动人口合法权益的措施，2000 年，根据北京市统计局的数据，北京市外来人口已飙升至 256.1 万人。2001 年北京市统计局的数据显示，北京市外来人口又升至 262.8 万人。2001 年的北京市户籍人口为 1122.3 万人，流动人口占户籍人口的比重已达 23.4%，占总人口比重已达18.97%，每五个北京人中几乎就有一个是流动人口。

1995年是北京市户籍迁移制度改革的起始年，改革的突破是小城镇户籍改革制度。先后出台了《北京市郊区小城镇建设试点城镇户口管理试行办法》、《北京市郊区小城镇建设试点城镇户籍管理试行办法实施细则》、《关于进一步加快郊区小城镇建设推进农村城市化进程的意见》等文件，推动着小城镇户籍改革的进程。与此同时，北京市放宽了人才引进政策，吸引优秀人才入京。为进一步加强流动人口的管理服务工作，1995年年初，北京市制定了《北京市外来务工经商人员管理条例》，明确将管理对象定位为非北京户籍，以从事低端行业为主的农民工和城市普通打工群体。条例规定了五证联动的管理模式，即对务工经商人员实行《暂住证》制度、对外地来京务工人员实行《外来人员就业证》制度、对务工经商人员中的育龄妇女实行《婚育证》制度、对向务工经商人员出租房屋的单位和个人实行《房主租赁许可证》和《房屋租赁安全合格证》制度，试图通过证件管理掌握流动人口信息、控制其规模增长。该条例要求公安、劳动、工商、房屋、计生等部门应当加强监督检查，对无证的情况进行严厉查处。其后，北京市相继出台了《北京市外地来京人员户籍管理规定》、《北京市外地来京人员租赁房屋管理规定》、《北京市外地来京人员务工管理规定》、《北京市外地来京人员经商管理规定》、《北京市外地来京人员计划生育管理规定》、《北京市集贸管理规定》、《北京市外地来京人员从事家庭服务工作管理规定》、《北京市外地来京人员卫生防疫管理规定》等配套规定，形成了涵盖户籍、治安、房屋、务工、经商、卫生、防疫、计划生育、收容遣送等各个方面的流动人口管理法律体系。

与此同时，全市建立了市、区县、街乡三级外来人口管理机构，并在居（村）委会层面建立了各种群众性自我管理组织，从公安部门单兵作战，转向了以公安部门为主，各职能部门配合、社会参与的流动人口管理格局。区县、街乡都与市级机构对应，成立了各级外来人口管理工作领导小组和办公室，并配备了专兼职的管理人员。全市按照外来人口总数千分之三至千分之五的比例配备了外来人口协管员。组建了居村管理站、出租房屋联保小组、外来务工经商人员自管组织等4.7万个群众性组织。为了进一步控制人口规模，北京市政府形成了《北京市外来人口规模控制工作总体方案（讨论稿）》，指出了人口规模控制工作的目标是：从根本上改变北京市外来人口盲目无序流动的状态，变盲目为有序，变无序为合理，做到外来人口数量适度，质量提高，分布合理，最终形成有序合理的流动。核心的工作内容是指标控制，即按照规模控制工作的指导思想和目标，确定全市外来人口总数额，并把总数额分配到各区县，不得突破。

这一阶段主要是以就业管理和居住管理为主线，强化对流动人口的管理，确保首都社会安定与城市的有序，此一阶段流动人口规模控制成了一个重要目标。从法律之间的关联度来看，暂住证强化了作为流动人口进行各种民事行为的基本证件的地位，而其他的各类证件实际上成为行政许可制度，演化为新的行政管理手段。从逻辑上看，这种制度设计较为完善，制度之间配套较好，制度目标较为一致。但是这种设计表现出了很强的路径依赖的特征，即行业上的有限准入，公共服务的缺乏。系统证件管理制度仍然奠基于北京户籍人口和流动人口分立管理的二元基础之上，折射出了全能型户籍制度的强大的社会控制功能，同时也反映了政府的行政管理体制仍然是传统型的，缺乏对于流动人口服务机制，特别是缺乏引导首都社会容纳流动人口的正式制度设计，这就不能不说，系统证件管理制度逻辑上的完善并不等于现实上的合理，以整治社会治安、保护首都安全稳定为中心的社会控制机制并没有完全适应中国改革开放带来的社会变迁的现实。就业管理与居住管理的相当程度的失效，以及首都人口规模控制目标的突破都说明了这一问题。

### 11.1.4 2002年至今：调整转型、流动人口融合阶段

这一阶段，中国进入了全面建设小康社会的时期，社会主义市场经济逐步完善，中国的城市化飞速发展，城乡统筹协调发展日益得到重视，城乡二元分治格局有所突破，人口流动的政策更加宽松。2002年至今，北京市流动人口政策进入融和阶段。2003年6月，国务院颁布了《城市生活无着的流浪乞讨人员救助管理办法》，同时，废除了1982年5月国务院发布的《城市流浪乞讨人员收容遣送办法》。由此，北京正式废除了长达21年的收容遣送制度，这标志着流动人口政策开始转型。2003年10月召开的党的十六届三中全会提出了以人为本的理念，这为北京市流动人口政策转型提供了重要的指导思想。

这一时期，北京市开始在“以人为本”的人口管理理念指导下对流动人口政策进行调整，不仅逐步清理和废止了对流动人口带有歧视性的法规、规章和政策措施，而且不断完善流动人口在就业、就医、子女就学、社会保障等方面的公共服务，逐步实现流动人口和户籍人口公平对待，不断促进流动人口的社会融合，主要体现在：

**1. 取消针对流动人口的歧视政策**

首先，取消了针对外地人员来京就业的歧视性限制。随着《中华人民共和国行政许可法》和《关于做好农民进城务工就业管理和服务工作的通知》以及《关于进一步做好改善农民进城就业环境工作的通知》的颁布实施，北京开始对限制来京务工的相关规定和制度进行清理，先后废止了《北京市外地来京人员务工管理规定》、《北京市外地来京人员经商管理规定》、《北京市外地来京人员从事家庭服务工作管理规定》、《北京市外地来京人员卫生防疫管理规定》

和《北京市外地来京务工经商人员管理条例》5个文件，取消了“外来人员就业证”、“健康凭证”制度和外来人员管理服务费，并取消单位使用外来务工人员的行业、工种限制和对外来人员经商的行业、经营范围、经营方式的限制。其次，取消了外地人员在京购买商品房的审批手续及手续费。根据2003年7月发布的《关于外省市个人在京购房不再经审批的通知》，外省市个人在北京购买商品房将不再办理批准手续和交纳购房手续费。最后，取消流动儿童在京借读费，让流动儿童在京接受免费的义务教育。根据2004年8月发布的《关于贯彻国务院办公厅进一步做好进城务工就业农民子女义务教育工作文件的意见》，从2004年9月新学年开始在全市实施义务教育的公办小学和初中对符合来京务工就业农民子女条件的借读生免收借读费，从而实现在京务工就业农民子女在京接受义务教育的收费与本市户籍学生一视同仁。

这一阶段，中国对于“三农”问题和城乡统筹发展的认识逐渐深化，党中央国务院提出了一系列具有转折意义的政策措施，解决农村劳动力的就业歧视问题，为农村劳动力转移就业创造公平的环境。2002年，中央出台《关于做好2002年农业和农村工作的意见》，提出了对农民工进城务工要“公平对待、合理引导，完善管理，搞好服务”的十六字方针，要求各地清理对于农民工的歧视政策，建立城乡统一的劳动力市场。2003年，为进一步加强对农民工进城务工的权益保护，国务院办公厅专门下发《关于做好农民工进城务工就业管理和服务工作的通知》，要求取消对农民工进城务工就业的各种限制，保护农民工权益，提供各种形式的公共服务。当年6月20日，《城市流浪乞讨人员收容遣送办法》，实现了城市救济从强制收容到自愿救济的转变，以及对农民工等弱势群体的制度保障。

**2. 完善流动人口服务**

首先，完善农民工的社会保险。根据2004年7月颁布的《北京市外地农民工参加基本医疗保险暂行办法》和《北京市外地农民工参加工伤保险暂行办法》，农民工应参加基本医疗保险和大额医疗互助保险以及工伤保险；随后北京市先后发布了《关于加快本市农民工参加工伤保险和医疗保险的有关问题的通知》和《关于简化农民工参加工伤保险和医疗保险有关管理问题的通知》，要求加快推进农民工参加工伤保险和医疗保险的进程。至此，北京建立了涵盖养老、医疗、失业、工伤保险在内的农民工基本社会保险体系。其次，流动人口计划生育实现市民化服务与管理。于2006年1月起施行的《北京市流动人口计划生育管理规定》与以往的《规定》有了重大改变，不仅将对象由“外地来京人员”改变为“流动人口”，而且将流动人口与户籍人口同宣传、同服务、同管理，实行流动人口计划生育市民化服务。

这一阶段，国务院出台了一系列的完善农民工服务的措施。2004年，党中央下发《中共中央关于促进农民工增加收入若干政策意见》，明确要求城市政府要把进城农民工的职业培训、子女教育、劳动保障及其他服务和管理经费，纳入正常的财政预算，同时要求推进大中城市户籍制度改革，放宽农民进城就业和定居的条件。同年底，国务院办公厅下发《关于进一步做好改善农民工进城就业环境工作的通知》，要求地方各级政府，特别是城市政府要进一步提高认识，改善农民工进城就业环境，切实保护农民工进城就业的合法权益。2005年，中央农村工作会议将农民工问题上升到“关系全局和长远的大事”的高度，提出了解决农民工问题的五条原则，即公平对待，一视同仁；强化管理，完善服务；统筹规划，合理引导；因地制宜，分类指导；立足当前，着眼长远。这五条原则是新时期处理农民工问题的基本立场和基本纲领。2006 年，《国务院关于解决农民工问题的若干意见》出台，该文件分为 10 个部分、40 条，分别涉及农民工工资、就业、技能培训、劳动保护、社会保障、公共管理和服务、户籍管理制度改革、土地承包权益等各个方面。在一系列大政方针的指导下，有关部门相继制定出台了保障农民工的具体政策措施。至此，在国家的制度层面上，流动人口的迁徙和就业进入了一个全新的时代。

**3. 确立新时期北京市流动人口工作的基本思路和总体格局**

这一时期出台的纲领性文件是 2005 年由中共北京市委、北京市人民政府联合发布的《关于进一步加强流动人口管理工作的若干意见》。这一文件确立了新时期北京市流动人口工作的基本思路和总体格局。首都流动人口管理服务体制的基本架构是“党委政府统一领导，专门机构统一协调，各部门分工协调，条块结合、以块为主的属地工作体制”，建立市、区（县）、街道（乡镇）、社区（村）四级工作网络。在市级，成立流动人口和出租房屋管理委员会，作为市政府的统一领导机构，负责全市流动人口和出租房屋的指导协调和综合管理。市流动人口和出租房屋管理委员会下设办公室，作为专门的协调机构，主要负责宏观政策的研究制定和日常指导协调工作。区县、街道乡镇都设立流动人口和出租房屋管理委员会及办公室，负责落实上级工作部署和具体领导基层工作。在流动人口较多的社区和村均设立流动人口和出租房屋管理站，依托社区和村，作为直接面对流动人口的综合管理服务机构。这一管理机制有三个明显特点：一是坚持了党委政府统一领导的基本架构，明确了宏观调控的基本目标，实现了具体管理工作的专门化，脱离了单一户籍管理、治安管理的拘囿。二是原有的三级管理体制转换为四级管理体制，依托基层自治组织设立了专门的综合服务管理机构，使基层社区、村的综合服务功能实体化，从根本上改变了以往流动人口服务管理条块分割的状况。三是将出租房屋管理与流动人口管理结合起来，一方面可以依据出租房屋管理流动人口，了解流动人口的动态情况，另一方面可以通过对出租房屋行为的监管改善流动人口的居住环境。北京市流动人口服务管理体系的基层基础建设得到了较大发展，初步建立起了一支流动人口管理员队伍。目前，全市已经建立了4000多个流动人口和出租房屋管理站，招录管理员15000余名。基层管理员和服务站为流动人口提供了范围广泛的服务。例如，有的基层单位将这些服务概括为六大类：就业服务、社会保障服务、卫生和医疗服务、公共教育服务、公共文化服务、社会治安服务。

**4. 北京市流动人口工作目标的转变**

这一阶段的流动人口服务管理工作内容丰富，层次多样，其工作目标相对于以往表现出了明显的变化。虽然维护城市社会治安与控制人口规模仍然是流动人口服务管理工作的重要内容，但是流动人口服务管理工作是在尊重流动人口各项权益、提高流动人口接受公共服务和分享改革成果的基础上进行的，是一种社会建设工程。社会建设涉及迁徙与流动、教育培训、医疗卫生、劳动就业、社会福利和社会保障、社会治安、环境保护等各个方面。在这个意义上，社会治安和人口控制仅仅是流动人口服务管理工作的一个内容。社会建设既可以是一种以公共强制力为基础，以法律授权为依据的管理行为，也可以是以自愿与合意为基础的公共服务行为，还可以是一种多方主体共同参与的社会约束和合作机制。在这个意义上，流动人口服务管理工作已经从传统的单方行为、规制活动，演变为多方行为、管制与服务并重的活动。

2002年之后，北京市流动人口规模呈现两大趋势：一是每年保持较大的增长数量，仍然处于高位增长期；二是每年增长的数量相差不大，呈现平稳增长的特点。2002年的流动人口仍然延续了快速飙升的态势（1999～2002年年均增长约43万人），居住半年以上的流动人口达到286.9万人。到2003年，北京市居住半年以上的流动人口为307.6万人，比2002年增长20.7万人。2003～2004年，流动人口一年增长了22.2万人，而2003～2006年，在北京居住半年以上的流动人口年均增长25.3万人。2007年在京居住半年以上的流动人口为419.7万人，到2010年，北京市流动人口已达704万人。虽然这一时期，北京市流动人口进入了平稳期，但是年增长规模仍然很大。

纵观改革开放30多年来北京市流动人口政策的演变，可以预测，促进融合已成为未来北京市流动人口政策的趋势，不仅流动人口的来京和留京愿望将会日益得到尊重，而且在京流动人口将逐步被纳入当地公共服务和社会管理体系统筹考虑。当然，实现流动人口的社会融合不仅需要在就业、就医、子女就学、社会保障、住房等方面实现流动人口和户籍人口的公平对待，还需要户籍人口和流动人口之间在心理上的相互接纳。而要解决这些问题，不仅需要大量的财政投入，而且需要考虑北京的融合能力和承受能力。因此，促进在京流动人口的社会融合，实现流动人口与户籍人口公平对待将是北京市政府长期的流动人口政策。

## 11.2 城市少数民族流动人口服务与管理工作的经验

随着城市化和工业化快速推进，如何加强对城市少数民族流动人口的服务和管理，建立和完善其长效机制，以巩固和发展平等、团结、互助、和谐的社会主义民族关系，是新时期、新形势下城市民族工作的重点、难点工作。针对这一民族工作的重点和难点，很多城市有不少好的做法和经验，特别值得借鉴。下面以宁波和青岛两市为例介绍城市少数民族流动人口服务与管理工作的一些成功经验。

### 11.2.1 依托民族工作网络，加强少数民族流动人口服务与管理

主要是依托各县（市）区、乡镇（街道）民族工作相关部门，把少数民族流动人口服务与管理纳入政府工作的重要内容，使城市少数民族流动人口服务与管理工作常态化。如宁波市的海曙区建立了由区民族宗教局（以下简称“民宗”）、公安、城管等部门参加的少数民族流动人口工作联络联系制度，街道和社区建立民族工作联席会议制度，不定期地对区域范围内少数民族流动人口情况及存在的问题进行分析研究，把流动少数民族服务与管理工作纳入政府工作范畴，消除了少数民族流动人口服务和管理的盲区。

青岛市把社区民族工作的重心从以少数民族常住人口为主，转移到与少数民族流动人口并重上来，把少数民族流动人口中的困难群众救助纳入社区服务重点，帮助他们解决生活、工作中的困难，促进少数民族流动人口与社区居民之间互帮互敬，形成了社区民族工作新特色。建立了市、区、街道、社区四级民族工作网络。以社区民族工作为基础，充分发挥少数民族代表的桥梁和纽带作用，定期联系，定期走访，做到了信息了解准确，情况掌握全面，问题解决及时。深入基层，和少数民族交朋友，在努力提高服务水平的基础上，认真了解情况，多方面为他们提供便利、解决困难①。

① 青岛市少数民族流动人口服务与管理存在的问题及对策研究 [OL]. 中国民族宗教网. http：//www.mzb.com.cn/html/node/316553 - 1.html，2012 - 07 - 24.

### 11.2.2 依托社区管理服务，延伸少数民族流动人口服务与管理

少数民族流动人口服务与管理工作，重点在社区，关键在基层。宁波市在加强社区基层服务和管理过程中，将服务和管理延伸到少数民族流动人口。如海曙区汪弄社区近年对辖区内常住少数民族及其流动人口进行了一次全面的调查，并将少数民族人员的生活、学习、工作情况分门别类建立档案，还设立了少数民族管理服务站和流动少数民族维权中心，为少数民族同胞提供民政、计生、就业、治安、人口管理、帮困等一站式服务。

### 11.2.3 搭建多种平台，规范少数民族流动人员救助管理

主要是依托现代信息手段，加强联系与管理，在城市少数民族流动人口的管理过程中，探索“网络”工作的方法，开通社区民族工作网站，宣传民族政策法规，提供信息政策等服务。以青岛市为例，民族工作部门领导经常做客“青岛政务网”，与少数民族网民直接对话交流。同时，还在全市主要街道办事处建立起社区电子政务网络管理系统，将民族工作的数据、信息以及少数民族人口资料输入微机实行动态管理。在各媒体、网站公布“少数民族之家”服务热线，24 小时受理民族事务。

依托行政管理资源，加强对外来少数民族群众政策法规教育。把集中宣教和日常工作结合起来，多措并举，注重实效。每年 10 月，青岛市都要在全市范围集中进行民族团结进步宣传月活动。平时，全市各街道民族宗教工作助理与派出所民警联手，不定期的在车站、广场、建筑工地等场所，向少数民族流动人员宣传有关政策法规，逐步提高他们的法

律意识和依法维权的能力，增强防范意识；先后分发《务工人员相关法律法规知识》3 万余份以及《防上当、防诈骗》宣传卡通图 1 万余张；会同计生部门利用计生人员入户调查的时机，向租住在区域内的少数民族流动人员分发有关材料，宣传务工注意事项及青岛市地方法规和生活小知识。

### 11.2.4 依托流动经商联系点，促进少数民族流动经商有序管理

以宁波市为例，在少数民族流动经商务工人员相对集中的街道、社区、清真餐饮店等地设立少数民族流动经商服务管理联系点，以此推动少数民族流动经商的有序管理。在少数民族流动经商人员中选择一些能胜任联络员工作的、有一定影响和活动能力的代表，协助政府有关部门妥善处理矛盾纠纷和突发性事件，确保城市民族领域的稳定。如吸纳青海化隆县回民从事拉面业的代表人士、新疆维吾尔族从事卖羊肉串等小买卖的代表人士为市伊斯兰协会的正式代表，加强与他们的联系和沟通，出现矛盾纠纷时，他们能和阿訇一起积极配合政府协调化解，收到了很好的效果。

### 11.2.5 依托少数民族组织，做好少数民族流动人口服务与管理

宁波市主要是依托少数民族联合会和各县（市）区少数民族联谊会（或少数民族联谊小组）配合政府有关部门做好少数民族流动人员服务与管理。如北仑区 1998 年在区民宗局支持下成立了少数民族联谊小组，2007 年成立北仑区少数民族联谊会，该联谊会每季度开展一次联谊活动，为政府和少数民族同胞牵线搭桥，近年相继成立了街道、社区少数民族联谊组织、文娱组织、维权组织——“新碶街道

民族之花文艺轻骑队”、“社区少数民族联谊小组”、“社区少数民族学校”、“社区少数民族博物馆”、“社区少数民族维权站”，为少数民族流动同胞在劳动就业、子女入学、权益保障、法律援助等方面办实事、办好事。

青岛则是加强少数民族社团建设，在少数民族群众较多的街道办事处都设有理事，每个社区都有联络员，使民族联谊组织形成了体系。针对少数民族特别是流动人口中的少数民族群众同民族、同语言，易扎堆抱团等特点，充分发挥区少数民族联谊组织的作用，实施“10×10”工程，即：联合会会长、副会长每人联系10名理事，每名理事联系10名少数民族会员，每名会员联系10名外来少数民族群众，并掌握通讯联络和临时住址等有关情况，形成区域民族群众联系网。

### 11.2.6 抓住重点民族企业，突出少数民族流动人员服务与管理

宁波市对少数民族服务较多的企业和法人代表是少数民族同胞的企业，尤其是新疆籍务工人员比较集中的企业，强化管理与服务。如慈溪市高氏精梳棉有限公司、余姚市凤山街道华联纺织有限公司，以及法人代表为少数民族同胞的江北华乔包装厂等，企业一把手均能亲自负责抓好企业民族工作，并成立企业少数民族联谊中心，开设少数民族服装饰品展示室、电脑培训和文化阅览室、多功能活动室等，并经常组织开展文化活动，排练演出歌舞，举办体育比赛、汉语培训教育等，以优质的服务与管理促进民族融合。

### 11.2.7 坚持以人为本，强化少数民族流动人口服务工作

在青岛市，对少数民族流动人口开展“真情服务”。借

鉴海尔企业品牌服务理念，在全市民族工作中开展“少数民族之家”品牌服务活动，制作“真情服务卡”，公布市、区民族工作部门的联系电话和工作职责。几年来，市、区、街道三级共发放“真情服务卡”7万余张。区、街两级均开通了求助、咨询、举报服务热线，近年来共受理1600余人次，做到有问必答，有求必应，有难必帮，有报必查，有查必果，使外来少数民族群众切实感受到祖国大家庭的温暖。

青岛市还开展政策咨询、培训活动。通过每年举办“民族企业沙龙”，宣讲相关法规政策，大大提高了少数民族同胞依法理性维护自身合法权益的能力；聘请理财专家举办辅导讲座，使其掌握规避企业经营风险的知识；组织有关职能部门现场办公，为其提供工商、税务、广告设置办理手续等服务。

青岛市也积极创造条件，为少数民族提供生活服务。依法规范全市的清真食品网点，开展争创“五好”清真网点活动。结合老城区旧城改造工程，积极引进清真特色饭店。主动为来青务工的少数民族联系解决子女就学问题，近百名适龄儿童享受到了义务教育。各街道办事处明确了少数民族经商办企业审批手续联系人，实行工商、税务等手续一条龙协办服务。支持区少数民族联合会中的老年人活动，为外来少数民族老年人提供活动场所和经费。通过积极协调，几年来为外来少数民族群众解决子女入托入学、务工经商等方面的困难和问题2000多件次。这让从边疆、内陆来青的民族兄弟和城市居民一样享受到了改革开放的成果。

### 11.2.8 制定相应规章政策，规范少数民族流动人口服务与管理

以宁波为例，为了规范少数民族流动人口服务和管理，维护社会稳定，宁波市和各县（市）区出台了相关规章政策。如市民族宗教局、市工商行政管理局、市财政贸易办公

室联合发布《宁波市生产经营清真食品管理办法》，加强对清真餐饮、食品经营的监督管理。海曙区针对部分流动少数民族人员无证经营和无序设摊的实际，出台了《海曙区涉及民族问题突发事件应急预案》，近年已妥善处理新疆食府私设清真标志、路边无证拉面店以及多起新疆籍少数民族人员和藏民因无证设摊而引发的矛盾纠纷。

宁波市委市政府则非常重视城市民族工作，出台《中共宁波市委、宁波市人民政府关于进一步加强民族工作的实施意见》，全面推进民族工作进社区、进学校、进企业工作，城市少数民族流动人口的服务和管理工作得到切实加强。

## 11.3 城市少数民族流动人口服务和管理中存在的不足

党的十六届三中全会首次在中央文件中提出“以人为本”的科学发展观，2003 年 9 月 15 日，温家宝总理在国家行政学院省部级干部专题研究班讲话时，又提出要树立“以人为本”的政府管理思想，实现政府运行机制创新和管理方式创新。在“以人为本”的科学发展观的理念指导和构建社会主义和谐社会的需求下，许多城市都意识到重塑对少数民族流动人口的认识，牢固树立“三个离不开思想”，即“汉族离不开少数民族，少数民族离不开汉族，各少数民族相互离不开”，但是，我们必须看到，在一些城市中对少数民族流动人口的服务和管理仍存在很多不足之处。

### 11.3.1 服务与管理理念滞后

目前一些城市政府对于少数民族流动人口管理与服务理念相对滞后，管理方式有待进一步改进。一些城市对外来少数民族流动人口的管理重点仍放在维护社会治安和稳定上，管制多于服务，防范多于保护。大部分政府对少数民族流动人口的管理的基本做法是：严格证卡管理，控制流动规模，保障社会治安。这种管理把注意力放在少数民族流动人口是否是有序流动的组织管理问题上，把少数民族流动人口当作城市成长过程中的一种不安定的因素来对待，因而忽视了为少数民族流动人口提供适应城市生活时所应有的必要服务。

我们应该认识到少数民族流动人口城市管理工作不仅要对少数民族流动人口进行管理和服务，更重要的是帮助他们发展自我，提高生活水平，增强对城市社会与民族政策的认同感。毋庸置疑，包括少数民族流动人口在内的流动人口在城市社会经济建设方面做出了不可磨灭的贡献，是城市经济建设和发展的有生力量，是城市劳动力补给的重要来源，然而由于以“户籍制度”为代表的二元体制的影响，少数民族流动人口在为城市经济发展做出巨大贡献的同时，并未享受到城市居民的同等待遇。我们应该充分认识到少数民族流动人口对促进城市、城乡之间的经济技术交流，传递多元文化和信息，对提高全社会成员的素质、缩小城乡差距、推动社会进步、加速城市化进程起到了至关重要的作用。因此，对于与少数民族管理有关的政府部门及公民大众都应该在思想深处认识到传统的重“管理”的管理方式应该转变为以服务在先，在服务中强化管理的思想观念。努力创建服务型政府，积极推进基本公共服务均等化的力度，保护少数民族流动人口的合法权利，为他们提供周到的服务。

而一些部门对少数民族流动人口的思想认识有偏差。一些部门认为，少数民族外来流动人口少，在经济、文化等各方面都没有形成一定的规模，对城市发展影响也不大。还有一些人对少数民族外来流动人口有偏见，认为其文化水平低、素质差，破坏了城市环境，影响了市容市貌。没有真正认识到少数民族外来流动人口在新形势下的城市民族工作中的特殊性和必然性；没有认识到做好少数民族外来流动人口各项工作对巩固民族团结、构建和谐社会有着极其重要的意义。

### 11.3.2 公共服务资源供给不足

当前，庞大的少数民族人口流动规模，不断增加的人口流动趋势，给中国城市公共服务资源带来了巨大压力，限制了流动人口管理和服务水平的提升，具体表现在以下几个方面：

第一，就业服务资源不足。提起少数民族流动人口，人们自然会联想起回族的拉面馆、维吾尔族的羊肉串、葡萄干等。特色鲜明的就业技能为少数民族流动人口提供了天然的就业条件和优势，也是其得以在城市立足的根本。然而，这同时还反映出他们所从事的行业种类单一、同质性强，收入基础脆弱的一面。随着少数民族流动人口涌入城市的不断增加，在市场容量增长有限的情况下，就业技能的单一和行业单一的特点势必加剧少数民族流动人口就业空间的萎缩，相互之间的竞争将非常激烈，这是少数民族流动人口未来就业和发展所面临的一大隐忧。

第二，培训与就业机会缺乏，流动人口对自己定位发生偏差。当前对城市流动人口与城市政府的最大挑战，与其说是政策管理、法律治理，不如解读为城市能否提供低价乃至免费的培训和就业机会，使其在城市的生存、发展建立在一种可预期、能持续的基础之上。这需要城市政府部门真正贯彻党中央“权为民所系、利为民所谋”的思想，将民本思想中的“民”作类别分析，并有针对性地制定对策，对不同群体采取由政府相关部门分任务、分指标完成的方式，既能分头实施，也能资源共享，合作完成。

第三，社会保障水平不高。社会保障体系是一个社会的安全网，由于各种因素的限制，少数民族流动人口往往仅选择与自身利益密切相关的医疗保险或者不办理任何社会保险。

第四，教育资源不足。少数民族流动人口的子女在城市通常会遇到的诸多问题和困难，其中没有少数民族学校导致的入学难的情况最突出。少数民族流动人口成年人的语言、技能、法律知识等也都有待进一步提高，但社会所提供的与他们的自身语言文化背景相适应的教育和培训资源仍然十分有限。

第五，宗教场所有限。庞大的人口流动规模，影响着城市的规划，给城市的资源、环境及公共设施带来了巨大的压力。少数民族流动人口一般有自己的宗教信仰，风俗习惯和休闲娱乐方式，如信仰伊斯兰教的回族、维吾尔族等少数民族的生活习惯严格遵循伊斯兰教的教规，有自己的禁忌食品，去清真寺做礼拜等等，这些都要求与之配套的清真寺等公共设施。

### 11.3.3 管理体制与协调机制的薄弱

尽管各地政府采取多种措施，努力克服少数民族流动人口管理难题，然而，现阶段中国城市少数民族流动人口的社会管理主要为属地化管理，属地化管理是以城市少数民族流动人口所在的基层政府，通过自身的职能部门对辖区内流动人口和用工企业流动人口直接进行监管的社会管理。其主体是政府机构，采取行政手段，其管理机制较先前有所变化，但其管理制度和机构设置上仍需要进一步改进。

第一，管理体制不健全。近年来，城乡二元管理体制已有所改革，但受户籍制度的影响，现行的城市管理体制仍然偏重于市民，对本市居民和包括少数民族群众在内的流动人口来说，其政策和制度仍然是双重标准。城市少数民族流动人口管理涉及治安、户籍、就业、住房、计划生育、公共卫生、税收、工商行政、城市规划、环境保护、社会保障等职能部门，各个相关部门对少数民族流动人口的管理与服务体制存在条块分割的现象，各自的侧重点不同，工作中缺乏信息协调机制，难以形成合力，以至于加大了对管理成本和社会资源的需求，同时也不利于对少数民族流动人口的服务与管理。

第二，流出地与流入地之间缺乏有效的沟通协调机制。流入地政府与流出地政府之间尚未建立合理的协调机制，流出地政府部门缺乏对相关劳务信息网络的建设，少数民族流动人口多是盲目流动，缺乏有效的政策导引。流出地政府对其缺乏相关的培训教育，如提高法律意识，加强技术培训等，使得其流入城市后面临很大的就业压力。而由于流动人口的流动性强，管理难开展，加之中国户籍管理的“属地管理”导致信息无法有效获得，都使得流入地政府对流动人口管理的难度加大。因此流入地与流出地政府之间应该建立与之相适应的劳务输出协调机制与劳动就业培训机制，加强两地政府之间的协调与合作。

第三，管理方式落后，管理方法简单粗暴。少数民族外来流动人口的逐年增多给城市管理工作带来了一定的困难。一些单位和个人对少数民族流动人口管理工作重视不够，管理工作往往出现走极端的方式，要么就不管不问，任其发展；要么就一概而论，横加限制。管理过程中，由于部分行政管理人员管理方式落后、执法方式简单粗暴，极易使矛盾和纠纷激化，从而引起其串联、上访及群体性事件等情况的发生。而且少数民族外来流动人口大多具有宗教信仰，经常在宗教活动场所聚集，加之他们与少数民族地区联系密切，一旦矛盾纠纷加剧，全国各地的少数民族地区群众都会前来声援，造成事件升级。

第四，同一系统不同部门间沟通机制不完善。即使是同一系统，不同部门间也沟通不畅。对于少数民族流动人口的管理，中国尚未建立专门的、统一的、权威的、综合的管理机构，中国流动人口管理分属多个部门，分别涉及公安、劳动保障、医疗、计生、房管等，这些部门大多没有实现信息的共享和协调。

因此，当前负责少数民族外来流动人口的服务体系尚未形成，少数民族正当合理的诉求得不到及时反映和有效解决。一些相关部门由于对少数民族流动人口的特点，如语言、风俗习惯不了解，以及对民族政策掌握不够，使少数民族外来流动人口应该享受的政策待遇往往得不到落实。

### 11.3.4 国家相关法律制度和政策不健全

目前，中国还没有出台一部适应实际、可操作性强的有关少数民族流动人口的法律法规。现有的《城市民族工作条例》关于少数民族流动人口的条文大多是原则性的规范语言，缺乏明确的执法主体，在执行过程中也缺乏保障机制，使少数民族流动人口的管理与服务面临法律上的困境。尽管一些城市出台了《清真食品管理条例》、《少数民族权益保障条例》，但是地方性法规缺乏法律的支撑，难以达到应有的效果。在涉及城市少数民族流动人口管理和服务方面需要有相关的法律予以规范，国务院及相关部门对此制定专门的行政法规和规章，显得尤为重要。如《城市少数民族流动人口管理条例》等，以便各城市政府尽快出台相应的地方性法规和规章。把城市少数民族流动人口务工、经商、服务、管理方面纳入法制轨道，使少数民族流动人口的管理有法可依、依法行政。

由于各种生活习惯及语言的障碍，政策的扶持力度不够，一些用人单位也很少招聘少数民族流动人口，少数民族流动人口的劳动权益保障的落实很困难。中国很多法律法规对包括少数民族在内的流动人口这一群体缺乏明确的法律保护条款，现行涉及劳动权益保障的具体规定，多体现为规章的形式，立法层次不高；处罚力度过轻，不能够很好地阻止企业主的违法侵权行为；有法不依的现象相当普遍。除此之外，执法不严、违法不究的状况也十分严重。少数民族流动人口的子女入学问题也是一个值得关注的问题，相关政策也未能提供必要的扶持，使少数民族流动人口的子女不能就地就近入学受教育。同时还存在一些缺乏用本民族语言授课的师资力量。这也使得他们的子女不能就近入学。

### 11.3.5 服务体系不完备，政策落实不到位

近年来，随着城市化、市场化进程的逐步加快，全国各大城市外来少数民族流动人口日益增多，特别是外地少数民族到城市就业谋生、寻求发展的趋势正不断上升。外来少数民族人员流入城市不仅活跃了城市经济，繁荣了民族文化，也给民族关系协调工作增加了难度。例如，在哈尔滨市曾发生过一件与少数民族流动人口相关的事件，公安机关在依法逮捕一名维吾尔族犯罪分子过程中，因没有按规定及时通知其家属，从而引起家属四处寻找及多次上访，后经过相关部门多次和公安机关沟通协调，才将事态平息。受国际国内大环境影响，城市在协调处理涉及外来少数民族流动人口方面的社会治安及矛盾纠纷方面也面临一些新情况和新问题，尤其是拉萨“3·14”事件和乌鲁木齐“7·5”事件后，城市民族宗教工作形势日益严峻，解决少数民族外来流动人口管理服务工作中存在的突出问题必须摆上重要日程。

### 11.3.6 中央和地方财政对城市少数民族流动人口等弱势群体的支持不均衡

中国国家财力逐步增强，中央和地方的公共支出政策

向援助弱势群体倾斜逐渐加强。以法律援助弱势群体为例，广东、山东、浙江、江苏、上海、福建等东部省（市）的法律援助财政拨款额均在1000万元以上。其中广东省财政拨款接近4000万元，山东、浙江两省财政拨款额均超过2000万元，江苏、河南、上海、重庆市（省）也均在1500万元以上。但总体而言，中西部地区由于财力的有限和体制机制的因素，法律援助弱势群体的经费保障受到诸多限制。

## 11.4 加强城市少数民族流动人口管理与服务的对策

随着中国城市化进程的加速、市场经济的快速发展，少数民族流动人口的范围不断向东部沿海城市延伸，其规模不断扩大，少数民族流动人口的城市管理问题日益突出。《少数民族事业“十二五”规划》提出要努力构建民族事务服务体系，不断提高民族事务管理和服务水平，建立和完善少数民族流动人口流出地与流入地政府的联动机制，做好少数民族流动人口的服务与管理工作。因此，加强少数民族流动人口城市管理与服务，将有利于各民族和睦相处，共建社会主义和谐社会。

在全面建设和谐社会的新时期，完善流动人口社会融合政策，提高流动人口的生活适应性和社会融合水平是当前中国城市少数民族流动人口服务管理的基本任务。一方面要消除流动人口的融合障碍，保障流动人口的合法权益，提高流动人口的融合水平；另一方面要加强流动人口融合政策的监管和全国性协调，提高城市少数民族流动人口融合政策的管理水平。具体应包括如下几个方面。

### 11.4.1 政府应强化宣传教育机制，为少数民族流动人口真正融入城市创设良好环境

通过广泛多样的宣传教育，在广大的干部群众中宣传党的民族政策。通过举办民族特色活动丰富群众的民族知识，逐步树立“汉族离不开少数民族，少数民族离不开汉族，少数民族之间也相互离不开”的观念，形成各民族间和谐相处、共同发展的良好局面。同时在相关执法部门普及《城市民族工作条例》和民族知识，将党的民族政策、法律、法规作为法制教育的主要内容加以学习贯彻，努力做到在执法过程中依法办事，确实维护少数民族合法权益。加强对外来少数民族群众的政策法规教育，使他们懂得在其运用法律赋予的公民权利和少数民族政策照顾的同时，也要认真履行法律规定公民应尽的义务，共同营造民族平等、团结、互助、和谐的氛围。同时要在日常工作中，强化四级民族工作网络和三项目标管理机制，确保民族工作责任的落实。

### 11.4.2 政府应完善城市少数民族流动人口的服务管理机制

城市政府应通过建立由统战、民宗、公安、城管、工商、卫生、环保等政府相关部门以及宗教协会、民间社会团体等参与的外来少数民族流动人口的服务与管理平台，形成联合协调工作机制，共同研究信息、共同监管秩序、共同宣传教育、共同做好服务，互通情况，及时化解和处理矛盾纠纷和突发事件。加强少数民族流动人口流出地、流入地政府之间的信息沟通和协调服务，实现地区间信息互联、互通与共享，做到有序流动，共同管理。

针对民族工作出现的新情况，各有关部门要认真执行党

的民族政策和制定安全防范预案。统战、民宗、公安、城管、工商、卫生环保等部门要加强协调，掌握信息动态，发现苗头，提前介入，将矛盾纠纷化解在萌芽状态。一旦发现民族纠纷和事件，各级要按照预案，由领导挂帅，各部门按照矛盾纠纷处置程序，及时稳妥处置突发事件，维护社会和谐稳定。

### 11.4.3 政府应优先解决城市少数民族流动人口的民生问题

子女教育、就业、住房、养老和医疗是流动人口最为关心的民生问题。因此，完善流动人口融合政策，应优先解决少数民族流动人口的子女教育、就业、住房、养老和医疗问题。第一，应加大财政转移支付，改革公共财政制度，切实解决少数民族流动人口子女的教育问题，实现流动人口子女能享受基本的教育服务。第二，应取消就业的户籍歧视，实行城乡统一的劳动力市场，满足流动人口的就业需求。第三，应在住房服务上与本地人口同等对待，为城市少数民族流动人口提供廉租房和经济适用房，或者建立流动人口集体宿舍，解决少数民族流动人口住房难和住不起房的问题。第四，逐步提高城市少数民族流动人口的社会保障的覆盖面，优先提高农民工的工伤保险、基本医疗保险和养老保险覆盖面，并逐步实行统一的社会保障制度，完善社会保险关系的转续制度，消除人口流动障碍。

“外来少数民族群众在融入城市中，普遍面临‘三多、三难、三缺’，即：困难多、就业难、缺少利益诉求渠道；矛盾多、化解难、缺少校正调节机制；差异多、沟通难、缺少融洽交流平台。”加强对城市少数民族流动人口服务管理，首要的是解决好他们的民生问题，着眼于帮助他们共享改革发展成果。要寓管理于服务之中，在服务中实现管理，要在政策允许的范围内为外来少数民族流动人口经商、务工等方面提供方便，给予优惠照顾，解决好子女上学、医疗卫生、计划生育、暂住证发放、经营场所、房屋租赁和法律援助等方面的困难和问题，引导他们依法从事经营活动。高度重视流动人口的权益保障，形成科学有效的利益协调机制、诉求表达机制、矛盾调处机制、权益保障机制，统筹协调各方面利益关系，以服务促进管理，提高外来少数民族流动人口的服务与管理水平，为其融入城市生活提供切实保障。

### 11.4.4 针对少数民族的大量流入，城市应拓展经济、政治、多元文化的功能

少数民族人口流动需求增加与城市功能滞后（尤其是多元文化功能滞后）的矛盾。是导致当前中国城市少数民族流动人口问题的一个重要原因。众所周知，中国的城市化进程不可阻挡，少数民族人口涌入城市的趋势同样势不可挡。因此，规划、拓展现代城市功能，不断增强城市对流动人口的吸纳能力。是时代赋予现代城市发展的一个历史使命。要针对城市少数民族流动人口的特点，拓宽城市民族经济发展的路子，探索通过促进城市民族企业发展来带动少数民族流动人口就业，努力改变少数民族流动人口低端就业的现状。要在匹配城市经济、政治功能的同时，适应现代城市多元文化的需求，匹配相关的多元文化功能，一方面要做好民族文化产业发展的文章，另一方面注重城市民族宗教多元文化共融构建。比如，中国有10个少数民族信仰伊斯兰教，在长期的历史发展中形成了自身的独特的宗教信仰和风俗习惯。因此，在解决城市流动人口问题时，除了政策导向外，还需要做好清真饮食的生产和经营，做好清真寺等宗教活动场所的建设，以满足这些少数民族流动人口在宗教文化、生活习俗上的特殊需求。真正把尊重少数民族宗教文化落到实处。

### 11.4.5 加快完善配套法律制度的建立，依法保障少数民族流动人口的合法权益

做好城市少数民族流动人口服务管理工作的前提，必须建立健全法律保障体系，使服务管理工作有法可依，有章可循。一是要总结推广各地有益经验，及时转化为长效机制和制度规范。比如，有的地方制定了《民族工作进社区实施办法》；有的地方设立困难少数民族群众发展资金和少数民族子女就学困难补助资金；有的地方设立了少数民族流动人员服务联系点，建立了市、区、街道、社区四级工作网络等。对这些成功经验进行深入调研，并总结推广。二是要在贯彻执行《劳动法》、《就业促进法》等法律法规的同时，加快《城市民族工作条例》修订步伐，加快《散居少数民族权益保障法》立法进度，推进涉及进城务工经商少数民族群众的规范劳动关系、加强就业服务、完善社会保障以及子女义务教育等方面的法律法规建设。三是要制定保障少数民族流动人口权益的专门法律法规，如《少数民族流动人口管理条例》，以法律的手段保障城市少数民族流动人口在就业、教育、居住、安全、社会保障等各方面的平等权益。逐步提高流动人口的社会保障的覆盖面，优先提高农民工的工伤保险、基本医疗保险和养老保险覆盖面，并逐步实行统一的社会保障制度，完善社会保险关系的转续制度，消除人口流动障碍。四是要提升城市行政管理部门的执法理念，在城市管理中可以吸纳社区少数民族居民或少数民族流动人口参与城市管理；为少数民族小商贩提供适当的经营场地、简化办证手续等人性化的举措等。五是要加强少数民族流动人口的法制培训，引导他们自觉遵守国家的各项法律法规，运用法律手段维护自身合法权益。

### 11.4.6 从源流上加强少数民族流出地与流入地的协调管理，加强流动人口社会融合政策

全国性协调加强流动人口融合政策是解决中国城市流动人口问题的关键。当前，在中央层面缺乏对流动人口社会融合政策的协调机构。目前主管流动人口的机构主要是1997年成立的中央社会治安综合治理委员会流动人口治安管理工作领导小组，办公室设在公安部，主要负责流动人口治安管理。由于流动人口社会融合涉及国家城市化战略、区域经济发展战略以及社会保障、教育和人口等诸多问题，有专家建议在国家发展和改革委员会下设立流动人口社会融合司，或者将国家人口和计划生育委员会改为人口发展部，下设流动人口社会融合司。流动人口社会融合司（或流动人口社会融合委员会）负责全国流动人口社会融合政策的监管和协调，通过协调涉及流动人口基本公共服务的财政转移支付，提高流动人口社会融合层次和水平，实现流动人口合理分布和有序流动，形成科学合理的全国流动人口社会融合格局。

### 11.4.7 依托社区，做好少数民族流动人口的管理与服务

推进少数民族流动人口社会化管理，将外来少数民族流动人口服务与管理纳入到社区工作范围。

改革开放以来，中国社会转型带来的“单位制”解体，使得越来越多的“单位人”向“社会人”转变，社区也逐渐成为城市的“细胞”，城市管理也逐步转化为社区管理。所谓流动人口的社区化管理，是指在政府的统一领导、宏观调控，以及有关职能部门的积极配合和指导下，基层社区以社区资源为基础，运用社区管理的机制和手段，促进社区整合与稳定。因此，可运用城市社区优势，将少数民族流动人

口纳入社区管理的范围，逐步建立纵向到底，横向到边的市、区、街道、居委会四级民族工作网络。要充分认识到现阶段影响城市民族关系的核心问题是民生问题，将过去防范性管理模式转变为服务、参与管理模式，通过社区平台对少数民族流动人口进行教育、医疗、培训、保障等项目的服务，提高其法律意识，培养其认同感，促进少数民族流动人口的心理适应与社区的协调，进而利用社区的丰富资源，保障少数民族流动人口的合法权益。同时，动员少数民族流动人口利用自身优势为社区提供帮助。

### 11.4.8 动员社会中介力量参与城市少数民族流动人口的管理与服务

要强化城市少数民族流动人口的自组织化建设。建立一些诸如少数民族社团、宗教团体、民族研究机构等具有会法地位的民间组织。通过提高少数民族流动人口的组织程度，将他们的利益表达纳入政府的合作化、制度化轨道，帮助城市少数民族流动人口解决就业、劳动报酬、社会交往、心理调试等方面遇到的实际问题，以此来弥补政府管理的空白。同时，要充分发挥城市各族少数民族精英人物的示范带动作用，引导他们参与到少数民族流动人口管理中来，利用他们的知识、地位和声望对少数民族流动人口进行引导、教育和帮扶。

总之，目前城市少数民族流动人口的管理工作中，应创新城市少数民族流动人口服务管理机制，适应中国人口变化与发展趋势，实现社会公平正义、维护社会稳定、推动和谐社会的建设。在加强城市少数民族流动人口服务管理的工作中，应该紧紧围绕民族工作“两个共同”的主题，以政府为主导，以社区为依托，以群团组织为纽带，建立以转变观念为前提，宣传教育为手段，法律政策为保障，帮扶解困为核心，社区建设为基础的少数民族流动人口服务和管理体系。

# 附录 fulu

# “北京市少数民族流动人口生活适应性研究”调查问卷

问卷编号：□□□□

## “北京市少数民族流动人口生活适应性研究”调查问卷

尊敬的先生/女士：

您好！我们是中央民族大学“北京市少数民族流动人口生活适应性研究”课题组的访问员，希望了解当前少数民族流动人口在北京市的生活状况及具体需求，以维护外地来京少数民族的合法权益，并敦促政府相关管理部门提供更好的服务，为此我们组织了此次调查，希望得到您的支持与协助。您是我们按照科学方法随机抽中的访问对象，您的看法和意见对我们的研究很重要。问卷大概需要20分钟的时间，请您按照真实情况和想法作答，对您填答的信息，课题组将严格遵照《中华人民共和国统计法》予以保密。

衷心感谢您的合作与支持！

| | |
|---|---|
| 访问地点 | ____________________区/县 |
| 调查日期 | 2012 年________月________日 |
| 调查员 | |

填写说明：

1. 请在每一问题后适合您情况的答案序号下面打√，或在______处填上适当的内容。

2. 如无特殊说明，每一个问题只能选择一个答案。

3. 填答问卷时请不要与他人商量。

中央民族大学

“北京市少数民族流动人口生活适应性研究”课题组

2012 年 5 月

被访者姓　　名：__________　被访者联系电话：__________

被访者工作单位：__________　被访者电子信箱：__________

| | |
|---|---|
| 填答开始时间 | ______时______分 |

## 一、基本情况

1. 您的性别是：

A. 男　　B. 女

2. 您的年龄是：

A. 16～24 岁　　B. 25～34 岁　　C. 35～44 岁

D. 45～59 岁　　E. 60 岁以上

3. 您的民族是：

A. 维吾尔族　　B. 藏族　　C. 蒙族

D. 回族　　E. 壮族　　F. 满族

G. 朝鲜族　　H. 汉族　　I. 其他________

4. 您的户口在哪里？________（填写省份）

5. 您来自：

A. 省城　　B. 市县　　C. 镇

D. 乡村

6. 您的受教育程度是：

A. 小学以下　　B. 初中　　C. 高中

D. 大专　　E. 本科　　F. 研究生以上

7. 您的婚姻状况是：

A. 单身　　B. 有男/女朋友

C. 已婚（包括已婚、离异和丧偶）

8. 您家里有几口人：________，其中在北京有几人：________。

9. 您有几个子女：________（没有填0）

10. 您的宗教信仰状况是：

A. 伊斯兰教　　B. 藏传佛教　　C. 天主教

D. 基督教　　E. 不相信宗教

11. 您是哪一年几月份来北京的？________年______月。

## 二、经济适应性

### （一）就业与收入

12. 您是否有过正式的、连续超过6个月的工作经历？

A. 有　　B. 没有

13. 最近三年内，这是您从事的第几份工作？________

14. 您现在的工作属于什么行业？

A. 制造业　　B. 餐饮业　　C. 建筑业

D. 交通运输与仓储业邮政　　E. 批发和零售业

F. 服务业　　G. 国家机关和社会团体　　H. 信息与计算机

I. 房地产　　J. 教育　　K. 医疗卫生

L. 其他________

15. 您的职业性质是：

A. 自营业者　　B. 管理人员　　C. 普通雇员

D. 临时雇员

16. 您所担任的职务是________。

17. 您是否与工作单位签订了书面劳动合同？
A. 没签　B. 签了，无固定期限（长期）劳动合同
C. 签了，劳动合同期限为________月
D. 签了，以完成一定工作任务为期限
18. 您离开上一份工作的主要原因是什么？
A. 收入低　B. 路途远　C. 没有保险
D. 与领导的矛盾　E. 与同事的矛盾　F. 其他
19. 您是通过什么方式找到现在的工作的？
A. 亲戚、老乡的介绍　B. 自己找的　C. 政府组织的
D. 用工单位来招　E. 其他________
20. 您平均每天工作的小时数为________。
21. 您平均每周工作的天数为________。
22. 您工作上是否有加班这个说法？
A. 有　B. 没有
22（1）如果有加班，是否有加班费？
A. 有　B. 没有
22（2）如果没有加班费，您有向单位要求过吗？
A. 有　B. 没有
23. 请您对您目前工作以下几方面的内容进行评价：
23（1）您对目前的工作有多满意？
A. 非常不满意　B. 不太满意　C. 基本满意
D. 比较满意　E. 非常满意
23（2）您对目前的工作的安全性有多满意？
A. 非常不满意　B. 不太满意　C. 基本满意
D. 比较满意　E. 非常满意
23（3）您对目前的工作环境有多满意？
A. 非常不满意　B. 不太满意　C. 基本满意
D. 比较满意　E. 非常满意
23（4）您对目前的工作时间有多满意？
A. 非常不满意　B. 不太满意　C. 基本满意
D. 比较满意　E. 非常满意

23（5）您对目前的晋升机会有多满意？

A. 非常不满意　　B. 不太满意　　C. 基本满意

D. 比较满意　　E. 非常满意

24. 您是否喜欢目前从事的这个职业？

A. 很喜欢　　B. 有点喜欢　　C. 一般

D. 不太喜欢　　E. 很不喜欢

25. 您目前每月的收入大概是：________

A. 1300 元以下　　B. 1300～3500 元　　C. 3500～5000 元

D. 5000～9000 元　　E. 9000 元以上

26. 您的工资收入发放状况是：

A. 每月发放　　B. 每季度、半年或每年发放　　C. 不定期发放

D. 经常拖欠　　E. 其他________

27. 您认为自己的收入水平与在原来老家相比是否得到了改善：

A. 得到明显改善　　B. 得到一定改善，却没有明显差别

C. 差不多，没有改善　　D. 还没有在家乡时高

28. 您认为自己的收入与本地人差别的主要原因在于：

A. 自己的收入与本地人没有差别

B. 对当地环境的不适应，适应之后差别就会消失

C. 技术水平差，不会最新的技术

D. 学历不够，没有文化　　E. 对外来人口的歧视

29. 您的收入来源主要包括以下哪些方面：________（可多选）

A. 工资　　B. 社会保障　　C. 亲戚朋友接济

D. 兼职工作　　E. 股票、证券　　F. 其他________

30. 如果您靠亲戚朋友接济，去年您得到的亲戚朋友的经济帮助大概有________元？

**（二）消费与支出**

31. 您目前每月的平均支出为：

A. 1000 元以下　　B. 1000～3000 元　　C. 3000～5000 元

D. 5000～9000 元　　E. 9000 元以上

32. 您在北京平均每个月的支出包括：

A. 住房支出______元　B. 赡养父母______元　C. 子女支出______元

D. 食品支出______元 E. 添置衣物______元 F. 娱乐生活______元

G. 储蓄投资______元 H. 其他______元

33. 您每月支出主要由哪些方面构成？请按支出金额由多到少排序________

A. 住房支出 B. 赡养父母 C. 子女支出

D. 食品支出 E. 添置衣物 F. 娱乐生活

G. 储蓄投资

34. 您平时主要去哪类商店购物？请按经常性由大到小排序________

A. 大商场 B. 超市 C. 批发市场

D. 街边小店 E. 地摊

35. 您平时主要的娱乐方式是什么？请按经常性由大到小排序：________

A. 看电视 B. 上网 C. 到公园散步

D. 看电影 E. 旅游 F. 没有任何娱乐

H. 其他________

**（三）住房情况**

36. 您现在居住在________区________街道________居委会。

37. 您现在居住房屋的性质为：

A. 自购住房 B. 出租楼房 C. 出租农民原建房

D. 出租地下室 E. 工作场所 F. 工棚或工地

G. 亲友家 H. 其他________

38. 您目前的居住情况是：

A. 自己居住 B. 与家庭成员一起居住，共________人

C. 与其他人合住，共________人 D. 其他________

39. 如果您目前租房居住，月租金为________元。

40. 您现在居住房屋的可使用面积为：________平方米。

41. 您目前居住房屋内的设施有：（可多选）

A. 自来水 B. 厕所 C. 洗澡间

D. 厨房

42. 您的炊事燃料为：（可多选）

A. 电　B. 燃气罐　C. 管道燃气
D. 煤炭　E. 柴草　F. ________

43. 您冬季取暖的方式为：（可多选）
A. 暖气　B. 电取暖　C. 烧煤
D. 木柴秸秆　E. 无取暖设备

## 三、社会适应性

### （一）社会网络

44. 平时您更愿意与哪一类人群交往？（可多选）
A. 家人亲戚　B. 好友邻居　C. 工作同事
D. 一起赴京的老乡　E. 领导上司　F. 相关管理人员
G. 文化程度差不多的人

45. 在您的交往对象中，持北京市户口的人占的比重：
A. 很小　B. 小　C. 一般
D. 大　E. 很大

46. 您在北京过年的次数：
A. 一次也没有　B. 极少　C. 有时
D. 每年

46（1）选择理由是：
A. 每年春运车票买不到　B. 车票太贵，为省钱
C. 想体验北京过年气氛
D. 社区、工作处有很好的集体过年活动
E. 北京的习俗和自己家乡差别太大，过不惯
F. 因为没有很多亲朋好友，没有过年气氛，很冷清

47. 您对北京本地饮食、服饰、婚育和语言使用等行为和观念的认同：
A. 与北京人完全不一样　B. 与北京人完全一致
C. 与北京人有不同但是可以适应，入乡随俗　D. 其他

48. 平时用普通话的情况：
A. 不会说　B. 会说但是从来不说
C. 与老乡交谈之外都用普通话　D. 重要的特殊场合下会说

E. 到北京之后一直用普通话交流

49. 对北京的传统文化习俗、过节方法的了解情况：

A. 从来不关注，一点不了解　　B. 知道一些，但从来不参与

C. 知道一些，也尝试那样过　　D. 比较了解，但是从来不参与

E. 比较了解，平时也就那样做　　F. 很了解，并且平时都照做

50. 请您谈谈您对北京人的评价：

A. 热情好客，待人真诚，十分友好

B. 有明显的地域歧视，相处不是很融洽

C. 交流不是很多没有什么评价　　D. 其他

51. 您在北京工作时，是否因为没有户口遭到歧视？

A. 有　　B. 没有

51（1）如果遭到歧视，您一般选择：

A. 据理力争，维护自己的尊严和合法权

B. 忍气吞声，因为自己是外乡人

C. 纠结同乡，用武力解决问题　　D. 其他

52. 您认为流动人口群体普遍具有以下哪些品质：（请选择最普遍的一项品质）

A. 文明礼貌　　B. 诚实守信　　C. 吃苦耐劳

D. 勤俭节约　　E. 热爱祖国　　F. 遵纪守法

G. 其他________

53. 您有北京本地的朋友吗？

A. 有　　B. 没有

53（1）如果有，那么您认识几位？________

53（2）如果没有，您愿意结交北京本地的朋友吗？

A. 愿意　　B. 不愿意　　C. 无所谓

54. 您对于与北京本地人的通婚态度如何？

A. 愿意　　B. 不愿意　　C. 无所谓

55. 您生活中由于户口问题最大的困扰与不便是什么？

A. 孩子上学　　B. 寻找工作　　C. 社会保障

D. 买房卖房

56. 您认为北京户口对于您重要吗？

A. 重要　　B. 不重要　　C. 无所谓

**（二）社区参与**

57. 您参加过的社区活动有哪些？（可多选）

A. 文体娱乐活动　　B. 公益活动　　C. 环境和治安活动
D. 社区服务　　E. 参加居民大会、代表大会　　F. 选举活动
G. 听证会议　　H. 计生协会活动　　I. 其他活动________
J. 都没有参加过

57（1）如果您没有参加过社区的活动，原因是：

A. 我对社区的活动不感兴趣　B. 我没有时间参加
C. 没有好的组织者带领　　D. 我所在的社区没有组织相关的活动
E. 其他________

58. 如果您参加过社区的活动，您是从什么渠道了解到这些的？

A. 社区宣传栏　　B. 居委会通知　　C. 居民相互了解
D. 其他________

59. 对于社区建设和发展的共同事务，您打算？

A. 立刻参加　　B. 看情况而定　　C. 不参加为好
D. 不参加

60. 您认为如果想要提高居民的社区参与度，最需要的是

A. 加强宣传力度　　B. 居委会等组织应更加主动地和居民联系
C. 社区的各项服务应该更加充分地和居民的实际需要结合起来
D. 提高社区各项活动的质量

61. 您觉得您所居住的社区组织充分发挥了其应有的功能。

A. 很不符合　　B. 不太符合　　C. 不确定
D. 比较符合　　E. 非常符合

62. 您认为您在现在居住的小区很安全。

A. 很不符合　　B. 不太符合　　C. 不确定
D. 比较符合　　E. 非常符合

63. 您认为您在现在居住的小区生活很方便。

A. 很不符合　　B. 不太符合　　C. 不确定
D. 比较符合　　E. 非常符合

64. 您对目前居住社区服务的满意度为：

A. 很不满意　　B. 不太满意　　C. 一般
D. 比较满意　　E. 非常满意

65. 您对社区各种环境的满意程度：

65（1）您对社区公共场所卫生的满意程度：
A. 很不满意　　B. 不太满意　　C. 一般
D. 比较满意　　E. 非常满意

65（2）您对社区道路灯光的满意程度：
A. 很不满意　　B. 不太满意　　C. 一般
D. 比较满意　　E. 非常满意

65（3）您对社区交通状况的满意程度：
A. 很不满意　　B. 不太满意　　C. 一般
D. 比较满意　　E. 非常满意

65（4）您对社区垃圾清理的满意程度：
A. 很不满意　　B. 不太满意　　C. 一般
D. 比较满意　　E. 非常满意

65（5）您对社区公园绿化的满意程度：
A. 很不满意　　B. 不太满意　　C. 一般
D. 比较满意　　E. 非常满意

66. 您认为您所在的社区最应该解决的问题是什么？（可多选）
A. 交通问题　　B. 绿化、卫生、污染等环境问题
C. 治安问题　　D. 餐饮娱乐业等社区经济发展问题
E. 菜市场等综合配套生活设施的改善　　F. 社区就业问题
G. 社区文化建设、知识培训教育等问题
H. 社区民主决策问题　　I. 社区文化体育设施的建设　　J. 其他

**（三）职业培训与子女教育情况**

67. 您是否参加过职业教育与培训？
A. 多次参加　　B. 很少参加　　C. 没有参加过

67（1）如果您曾经参加过，您所接受的培训或专业工种是：________。

67（2）如果您曾经参加过，您的培训费用是由谁来负担的？
A. 所在单位　　B. 父母　　C. 自己

67（3）如果没有参加过，未来您是否愿意参加？

A. 我非常愿意参加　　B. 我比较愿意参加

C. 我可能会参加　　D. 我不愿意参加

68. 您认为目前的职业培训还需要在哪些方面进行改善？（可多选）

A. 尽量掌握参与者的培训需求　　B. 及时发布相关政策和信息

C. 加强师资力量　　D. 开展多样化的培训

E. 提高培训的服务质量　　F. 灵活安排培训时间

69. 您最希望参与的是哪种培训形式？

A. 职业技能培训　　B. 创业培训　　C. 定向岗位培训

70. 您对哪种职业培训的方式最感兴趣？

A. 互动沟通　　B. 集体活动　　C. 经验分享

D. 专题讲座　　E. ________

71. 您最希望参加培训的专业工种是？

A. 计算机　　B. 文秘　　C. 保洁员

D. 呼叫服务员　　E. 服装制作　　F. 厨师

G. 家政服务　　H. 其他________

72. 您希望通过培训解决什么问题？

A. 进一步提高工作中所用的技能水平

B. 通过培训实现职业转换

C. 通过国家职业技能考试

D. 通过培训实现就业或者创业

73. 您认为培训多长时间比较合适？

A. 半个月以内　　B. 一个月以内　　C. 一至两个月

D. 三个月以内　　E. 三个月以上

74. 您有孩子吗？孩子在北京就读吗？

A. 没有孩子　　B. 孩子不在北京　　C. 孩子在北京打工

D. 孩子在北京读书　　E. 孩子在北京还没有读书

74（1）如果您的未成年子女在北京读书，符合以下哪一种情况？

A. 和北京居民的孩子在同样的学校读书，接受同等水平的教育

B. 在打工子弟学校等水平有差距的地方读书

C. 由于经济或其他原因在家乡上学

D. 就学困难，无法接受九年义务教育

75. 如果您是少数民族，您是否希望子女掌握本民族语言？

A. 非常希望　B. 希望　C. 无所谓

D. 不希望

## 四、心理适应性

76. 您是否喜欢北京？

A. 非常喜欢　B. 喜欢　C. 一般

D. 不太喜欢　E. 非常不喜欢

77. 您是否愿意融入北京人中？

A. 非常愿意　B. 愿意　C. 一般

D. 不太愿意　E. 非常不愿意

78. 您认为北京人愿意接受您成为其中的一员吗？

A. 非常愿意　B. 愿意　C. 一般

D. 不愿意　E. 非常不愿意

79. 来到北京后并且有了居住的地方，您对您的身份的理解是：

A. 城里人　B. 外乡人　C. 农民工

D. 农村人

80. 请您将以下品质按照您认为的重要程度进行排序：（从最重要的开始）________

A. 文明礼貌　B. 诚实守信　C. 吃苦耐劳

D. 勤俭节约　E. 热爱祖国　F. 遵纪守法

81. 您认为自己对北京城市建设的贡献大吗？

A. 很大　B. 较大　C. 一般

D. 较小　E. 很小

82. 您对继续在北京生活下去是否有足够的信心？

A. 非常有信心　B. 有信心　C. 一般

D. 没有信心　E. 非常没有信心

83. 您是否每天都怀有极大的热情在北京继续打拼？

A. 有极大的生活热情　B. 有生活热情　C. 一般

D. 没有生活热情　E. 完全没有热情

84. 您认为您在北京生活的这段时间是否感觉到幸福？

A. 非常幸福　B. 幸福　C. 一般

D. 不幸福　E. 非常不幸福

85. 您认为继续在北京生活的动力来自于：（可多选）

A. 可以多挣钱　B. 可以多见世面　C. 可以让孩子到北京读书

D. 可以多交朋友　E. 留在北京　F. 其他________

86. 您认为在北京生活：

A. 很轻松　B. 压力小　C. 压力适中

D. 有较大压力　E. 压力非常大

87. 您对自己人际关系的满意度：

A. 很满意　B. 满意　C. 基本满意

D. 不满意　E. 很不满意

88. 您对自己社会地位的满意度：

A. 很满意　B. 满意　C. 基本满意

D. 不满意　E. 很不满意

89. 您对自己目前生存状况的满意度为：

A. 很满意　B. 满意　C. 基本满意

D. 不满意　E. 很不满意

90. 您是否打算在北京居住生活下去？

A. 是　B. 否

90（1）如果打算在北京居住生活下去，准备在哪里买房或建房？

________

91. 未来几年内会离开北京回到家乡吗？

A. 会　B. 不会

91（1）不会的原因是

A. 还要继续在北京工作打拼，攒够了钱再回去

B. 家里所有人都来到北京

C. 子女在这边上学，希望让其完成学业　D. 其他________

91（2）不会的话，是否愿意在北京养老

A. 愿意　B. 不愿意

91（3）愿意的原因是

A. 北京的福利政策、社会保障条件较好

B. 子女将来可能留在北京

C. 家乡的财产已经全部变卖，回不去　　D. 其他

92. 您认为您能在北京长期生活下去吗？

A. 可以，目前工作稳定，生活基本有保障

B. 不可以，工作和理想有一定的差距，生活比较困难

C. 不确定，看情况而定

## 五、社会保障

93. 您认为没有北京户口会不会导致您生活上的不便利？

A. 会　　B. 不会　　C. 无所谓

94. 您是否享有以下社会保障？

94（1）养老保险

A. 享有　　B. 没有　　C. 不清楚

94（2）失业保险

A. 享有　　B. 没有　　C. 不清楚

94（3）医疗保险

A. 享有　　B. 没有　　C. 不清楚

94（4）工伤保险

A. 享有　　B. 没有　　C. 不清楚

94（5）生育保险

A. 享有　　B. 没有　　C. 不清楚

94（6）住房补贴（包括住房公积金）

A. 享有　　B. 没有　　C. 不清楚

95. 在以下的各项社会保障中，您认为您目前最需要的是什么？（限选两项）

A. 工伤保险　　B. 医疗保险　　C. 养老保险

D. 失业保险　　E. 住房补贴（包括住房公积金）

F. 教育补贴

96. 您认为现在的社会保障能否解决相关的费用问题？

A. 基本能解决　　B. 有些帮助，不能根本解决

C. 基本没什么帮助　　　　　D. 不清楚

97. 您是如何申请到上述社会保障福利的？

A. 专门人员上门办理　　　　B. 街道办事处人员代替办理

C. 自己申请　　　　　　　　D. 其他

98. 医疗保险等措施、政策是否方便了您的就医，减少了医疗费用？

A. 没有感到有什么帮助　　　B. 减少了少量费用

C. 明显减少了就医费用　　　D. 根本没有这些保障

99. 您在北京就医过程中感到哪些方面最需要改善？

A. 医疗价格仍然太高　　　　B. 外地户口没有医保用

C. 医保定点医院较少　　　　D. 就医程序麻烦复杂

100. 您认为自己的权利受到好的保护了吗？

A. 受到很好保护　　　B. 受到一定保护　　　C. 没有受到保护

D. 无所谓

调查到此结束，非常感谢您的合作与支持！

| 填答结束时间 | ________时________分 |
| --- | --- |

# 主要参考文献


国务院人口普查办公室、中华人民共和国国家统计局．中国 2010 年人口普查资料．[OL]．中国统计出版社．http：//www. stats. gov. cn/

中华人民共和国国家统计局．2010 年第六次全国人口普查主要数据公报．地方人口普查公报 [OL]．http：//www. stats. gov. cn/tjgb/rkpcgb/

中华人民共和国国家统计局．中国统计年鉴 2011 [OL]．中国统计出版社．http：//www. stats. gov. cn/．

李金昌主编．应用抽样技术 [M]．科学出版社．2012．

国家人口和计划生育委员会流动人口服务管理司编．流动人口理论与政策综述报告 [M]．中国人口出版社．2010．

黄荣清．20 世纪 90 年代中国各民族人口的变动 [M]．民族出版社．2004．

全国干部培训教材编审指导委员会组织编写．民生保障与公共服务 [M]．人民出版社．2011．

国家国家人口和计划生育委员会流动人口服务管理司编 [J]．中国流动人口发展报告 2011．

侯佳伟．北京市流动人口聚集地．趋势．模式与影响因素 [M]．光明日报出版社．2010．

沈千帆．北京市流动人口的社会融入研究 [M]．北京大学出版社．2011．

段成荣．中国的"流动人口"[J]．西北人口．1999 (1)．

姚松华，许学强，薛德升．中国流动人口进展 [J]．城市问题．2008 (6)．

吴晓．城市中的“农村社区”——流动人口聚居区的现状与整合研究［J］．城市规划．2001（12）．

翟振武，段成荣等．跨世纪的中国人口迁移与流动［M］．中国人口出版社．2006．

段成荣，孙玉晶．中国流动人口统计口径的历史变动［J］．人口研究．2006（7）．

赵乐东．新时期人口流动和流动人口的统计学研究［J］．经济经纬．2005（6）．

沈林，张继焦等．中国城市民族工作的理论与实践．［M］．民族出版社．2001．

李仲生．人口经济学（第2版）［M］．清华大学出版社．2009．

中国穆斯林青年网．中国民族问题的主要表现形式——少数民族被边缘化的忧［OL］．2011－01－22．http：//www. muslem. net. cn/bbs/article－5334－1. html

邬沧萍．人口学学科体系研究［M］．中国人民大学出版社．2006．

马戎．中国人口跨地域流动及其对族际交往的影响［J］．中国人口科学．2009（6）．

刘永佶．中国少数民族经济学［M］．中国经济出版社．2010．

彭娜，王运松，聂思举，徐世英．中国民族地区城乡收入差异程度的实证分析［J］．中央民族大学学报（自然科学版）．2011（4）．

陈晓毅．都市流动穆斯林文化适应问题及其解决之道基于问卷调查的广州个案实证研究［J］．青海民族研究．2010（7）．

吕红平，李英．流动，融合与发展——少数民族地区人口流动研究［J］．河北大学学报（哲学社会科学版）．2009（6）．

郑信哲．略论中国少数民族人口流动及其影响［J］．满族研究．2001（1）．

固原劳务输出的历史成效和现状．商务部网站［OL］．2005－06－16．http：//finance. sina. com. cn/roll/20050616/1047131566. html

肖斌．对当前中国城市少数民族流动人口问题的思考［J］．聊城大学学报（社会科学版）．2011（2）．

汪志，高向东，黄丽鹏．上海市少数民族流动人口生存发展状态探

析 [J]. 南京人口管理干部学院学报. 2011 (1).

王树理. 少数民族东渐现象之分析 [J]. 民族工作研究. 2000 (3).

吕红平. 张呈琮等. 中国少数民族地区人口状况研究 [M]. 中国社会科学出版社. 2010.

张继焦. 城市民族的多样化——以少数民族人口迁移对城市的影响为例 [J]. 思想战线. 2004 (3).

陶斯文. 四川少数民族流动人口研究 [M]. 民族出版社. 2007.

胡锦涛. 在中央民族工作会议暨国务院第四次全国民族团结进步表彰大会上的讲话 [N]. 人民日报. 2005-05-28. 1.

文久富, 陶斯文, 刘琳. 城市化进程中少数民族流动人口就业现状、存在问题及对策分析 [J]. 西南民族大学学报 (人文社科版). 2007 (8).

刘璐璐. 郑州市少数民族流动人口就业问题浅析. 改革与开放 [J]. 2011 (20).

农民工月均工资破 2000 仅为城镇职工平均工资 30% [OL]. 人民网财经频道. http: //finance. people. com. cn/GB/70846/17271906. html, 2012-03-02.

张海洋, 良警予. 散杂居民族调查: 现状与需求 [M]. 中央民族大学出版社. 2006.

汤夺先. 试论城市少数民族流动人口的物质生活贫困问题 [J]. 西南民族大学学报 (人文社会科学版). 2010 (4).

李伟梁. 少数民族流动人口的城市生存与适应——以武汉市的调研为例 [J]. 内蒙古社会科学. 2006 (6).

朱黎黄等. 做好新时期的城市少数民族流动人口工作是构建社会主义和谐社会的重要环节 [J]. 民族工作研究. 2006 (6).

白友涛等. 流动穆斯林与大城市回族社区——以南京、上海等城市为例 [J]. 回族研究. 2007 (4).

刘纯彬等. 天津市回族外来人口就业与生活状况调查报告 [J]. 民族工作研究. 2009 (3).

季方桐. 东部城市流动穆斯林人口的结构特征与就业状况研究——以天津、上海、南京、深圳四城市为考查点 [J]. 西北第二民族学院学报.2008（4）.

陈晓毅．都市流动穆斯林文化适应问题及其解决之道基于问卷调查的广州个案实证研究［J］.青海民族研究.2010（7）.

窦开龙．西北少数民族流动人口大都市困境适应的人类学分析［J］.西北第二民族学院学报.2007（4）.

汤夺先．西北城市少数民族流动人口现状的调查分析［J］.西北第二民族学院学报.2008（3）.

王允武，王莹．城市少数民族流动人口的社会保障权及其实现［J］.民族学刊.2011（1）.

刘毅．城市少数民族流动人口社会融入与社会管理创新［J］.中央社会主义学院学报.2011（10）.

汤夺先，张莉曼．少数民族流动人口的心理问题及其调适［J］.贵州民族研究，2010（3）.

陈晓毅．城市外来少数民族文化适应的三层面分析模式［J］.贵州民族研究.2005（5）

青岛市少数民族流动人口服务与管理存在的问题及对策研究［OL］.中国民族宗教网．http：//www.mzb.com.cn/html/node/316553－1.html，2012－07－24.

段成荣．省际人口迁移迁入地选择的影响因素分析［J］.人口研究.2001（1）.

严善平．中国省际人口流动的机制研究［J］.中国人口科学.2007（1）.

李培，邓慧慧．京津冀地区人口迁移特征及其影响因素分析［J］.人口与经济.2007（6）.

朱传耿等．中国流动人口的影响要素与空间分布［J］.地理学报.2001（9）.

费孝通．乡土中国［M］.人民出版社.2012.

林耀华．民族学通论［M］.中央民族大学出版社．1997.

王汉生，杨圣敏．大城市中少数民族流动人口聚居区的形成与演变——北京新疆村调查［J］.西北民族研究.2008（3）.

李林凤．从“候鸟”到“留鸟”——论城市少数民族流动人口的社会融合［J］.贵州民族研究.2011（1）.

张真理.北京市流动人口服务管理史略（1978—2008）［J］.兰州学刊.2009（6）.

# 后 记

2011年，我的《城市少数民族流动人口生活适应性研究》获得教育部人文社会科学研究立项，在调查和筹备资料期间，我有幸到美国的纽约州立大学石溪分校做了为期一年的访问学者，一年中，我深刻感受到了移民大国——美国的多元文化。在石溪分校，来自全美50个州和世界80多个国家的同学、学者在那里学习、工作，你很轻易就可以找到与自己同根的朋友。在美国人口最多的纽约，在美国最国际化和多元化的国际大都市，黑色、棕色、黄色、白色，不同肤色、不同语言、不同文化的人们汇集到这里；唐人街、韩国城、意大利城、德国城……中餐厅、泰国餐厅、意大利餐厅、法国餐厅……林肯中心的歌剧、百老汇的音乐剧、中央公园的广场音乐节……第五大道的各种节日游行：圣诞节、圣帕克里特节、复活节、万圣节、感恩节，爱尔兰文化节，以及希腊文化节……在人潮起伏中，我竟然并不感觉陌生，有人说，纽约就是这样一个地方，每个人在这里都会找到家的感觉。在那里，有一个社会安全号（意味你是纳税人），你就可以享受那里的城市、社区的种种公共服务。

在中央民族大学，56个民族的优秀学子为了学习知识和追求理想，从祖国的四面八方汇聚到这里，在这个民族的百花园中，我也经常可以感受壮族、苗族的“三月三”、傣族的“泼水节”、彝族的“火把节”、藏族的“雪顿节”，回、维吾尔等民族的“开斋节”、“古尔邦节”，蒙古族的“那达慕”，……北京，又何尝不是56个民族汇聚的大都市呢？在这里，我们也可以看到越来越多的不同肤色、不同语言的外国友人。在流动人口已经占常住人口1/3的这个愈来愈国际化、多元化的大都市，2011年11月2号，北京正式向社会发布了由“爱国、创新、包容、厚德”为内容的“北京精神”。我们的国家也提出建设和谐社会的目标，我们的社会保障制度正在逐步建立起来。

为了做好这个项目，回国后，我又接连考察了内蒙古自治区赤峰市的巴林右旗、锡林郭勒盟的几个苏木，以及新疆维吾尔自治区的乌鲁木齐市，喀什地区的疏附县、疏勒县，伊犁地区的伊宁县、察布查尔锡伯自治县、新源县等地的农牧民生活和人口流动情况，在这期间我还带领学生对北京市的海淀区、西城区和朝阳区的少数民族流动人口情况进行了问卷调查和访谈，了解他们的生活情况，倾听他们的心声……很多的感慨，很多的感动……

漫步北京的街头，心情平静而淡然，在这个炫目的国际化、现代化的大都市，她的包容，未来，可能不仅仅是中国的56个民族，还将包容更多的来自世界各地、不同肤色、不同语言、不同文化、不同信仰的朋友。海纳百川，有容乃大！费孝通先生也曾说过：“各美其美，美人之美，美美与共，天下大同。”我想，在人潮汹涌的大都市里，多元文化的色彩、包容的生活态度只会让我们的世界更美、更和谐！

马胜春

2012年11月10日